FAL8975 – 320 pages

« J'avais vite compris que je devais avoir ma propre voix, quelle qu'elle fût. »

Miles Davis

Alain Gerber, écrivain et historien du jazz célébré, bien connu des auditeurs de France Musique et de France Culture, dirige depuis trente ans la collection quasi légendaire de l'histoire du jazz appelé « The Quintessence ». Les livrets et notices discographiques écrits par Alain Gerber, Daniel Nevers et Alain Tercinet vont devenir les références explicatives des enregistrements des plus grands jazzmen du XXe siècle.

Cette collection recevra le Grand Prix de l'Académie du jazz, et plus d'une centaine de récompenses de *Jazz Hot*, *Jazz Man*, *Jazz Mag*, *Jazz News*, *Diapason*, *Classica*, le *Monde de la musique*, *Télérama* et contribuera au Grand Prix In Honorem de l'académie Charles Cros pour l'œuvre d'éditeur de Frémeaux & Associés.

En un style cadencé, l'auteur examine à la loupe les parcours biographiques et musicaux de Miles Davis, Charlie Parker, Dizzy Gillespie, Thelonious Monk, Jay Jay Johnson, Bud Powell, Kenny Clarke, Max Roach, Roy Haynes et Sarah Vaughan, dont les destins, les accents virtuoses et les inventions formelles feront la postérité du mouvement Be-bop.

Patrick Frémeaux

Un Noël de Jelly Roll Morton

Une histoire de Ferdinand Joseph Lamothe

par Alain Gerber

Direction des éditions : Patrick Frémeaux et Claude Colombini Frémeaux
Directeur de collection jazz : Augustin Bondoux
Comité éditorial : Lola Caul-Futy Frémeaux, Augustin Bondoux
Conseil éditorial : Christophe Lointier et Paulo Martins
Photo couverture : Collection Philippe Baudouin
Photo Alain Gerber : Patrick Frémeaux
Remerciements à Noël Hervé, Daniel Nevers, Philippe Baudouin,
Evan Christopher, Gary Edwards, Claude Bolling, Sebastien Troendlé,
Jean-Marie Monestier, Jacques Morgantini, Franck Bergerot, Frank Ténot,
François Lacharme, WWOZ, FIP, *Jazz Man*, *Jazz Mag*,
On the Mississippi Music Festival, Louisiana Music Factory
à La Nouvelle-Orléans et Barry Smith.

FA203

Né à La Nouvelle-Orléans, dès l'âge de douze ans il se fait appeler Jelly Roll, interprétant ragtimes, quadrilles à la française, chansons populaires et même quelques airs classiques tirés d'opéras. Il devient pianiste itinérant, mais aussi joueur de cartes et de billard, voire souteneur. Il participe aux *minstrels shows*, parcourt les États-Unis, assimilant blues vocal et instrumental, chants de travail, hymnes religieux et negro spirituals, musique des Caraïbes et chansons populaires des Blancs, tout en perfectionnant sa technique du ragtime. Pittoresque sans doute, il représente alors l'amalgame musical en train de s'opérer et que l'on commence à appeler « jass » ou « jazz ». Si sa carte de visite porte la mention « inventeur du jazz », ce n'est pas tout à fait un mensonge, tout juste une exagération. Il est pourtant l'un des créateurs essentiels de ce langage, notamment à travers les compositions et surtout les arrangements qu'il écrit pour des formations qui commencent à s'émanciper de l'instrumentation traditionnelle de La Nouvelle-Orléans. Cette magnifique anthologie bien restaurée rend fidèlement compte de l'allègre fusion des musiques qu'il a rencontrées et assimilées, apportant au jazz naissant un premier répertoire où la composition prend une place décisive, s'éloignant ainsi de celui des fanfares, marching bands et chanteurs de blues dont il intègre pourtant les couleurs et l'allant. Par Jean-Pierre JACKSON – CLASSICA

Alain Gerber

Un Noël de Jelly Roll Morton

Une histoire de Ferdinand Joseph Lamothe

par Alain Gerber

FRÉMEAUX & ASSOCIÉS

Œuvres de l'auteur sélectionnées par l'éditeur :
Le Verger du Diable (Grasset), Prix Interallié
Les Jours de vin et de roses, Prix Goncourt de la nouvelle,
Grand Prix de la nouvelle de la Société des gens de lettres
Louie (Fayard), Prix Charles-Delaunay de l'Académie du Jazz Charlie (Fayard)
Lady Day : histoire d'amours (Fayard)
Paul Desmond et le côté féminin du monde (Fayard),
Prix du Salon du livre de Deauville, Livres et musiques
Blues (Fayard)
Deux petits bouts de bois, autobiographie de la batterie jazz (Frémeaux)
L'Histoire du Be bop – Miles Davis (Frémeaux)
Un Noël de Jelly Roll Morton (Frémeaux)

et l'ensemble des livrets de la collection
The Quintessence (Frémeaux & Associés)
Prix de l'Académie du jazz, Grand prix In Honorem
de l'Académie Charles Cros, récompensés par Classica, Jazzman, Jazz Mag,
Diapason et Télérama

ISBN 978-2-84468-995-5

20, rue Robert Giraudineau, 94300 Vincennes, France

Note de Patrick Frémeaux

En octobre 1994, il y a exactement trente ans, la collection « The Quintessence » fait paraître l'anthologie de Jelly Roll Morton dans la collection dirigée par Alain Gerber, avec l'aide de Daniel Nevers et Don Waterhouse. Il est le troisième coffret de la collection (FA203) et il est précédé de Louis Armstrong et Count Basie, et suivi de Duke Ellington, Fats Waller et Sidney Bechet.

Noël Hervé à l'initiative de cette collection, parle de nouvelle vision sur l'évolution du jazz à Claude Colombini. Il affirme que le fait qu'Alain Gerber ait pu mettre Jelly Roll Morton en troisième artiste de la collection est une relecture de l'Histoire du jazz. Dans les années 90 aucun pianiste ou aficionado de jazz ne se réclamait de Morton. Cette décision a donc représenté une réévaluation significative de son importance et de son influence dans le développement du genre. Cela a probablement ouvert la voie à une appréciation renouvelée de son œuvre et de son héritage parmi les amateurs et les spécialistes du jazz.

En 2012, lors d'un séjour en Louisiane, j'eus le privilège d'être accompagné par le clarinettiste Evan Christopher pour une brève intervention sur les ondes de WWOZ, la célèbre radio jazz de La Nouvelle-Orléans, que les amateurs découvrent notamment à travers la série télévisée *Treme*. À la suite de cette expérience radiophonique, Evan nous convia à un concert qu'il donnait en l'honneur de la délégation Frémeaux à La Nouvelle-Orléans.

Au cours de cette soirée mémorable, mon regard se posa sur un homme âgé, vêtu d'un costume blanc d'une élégance intemporelle, évoquant les dandys du début du XXe siècle. Le lendemain, guidé par Gary Edwards, fondateur de « Sound of New Orleans », nous nous rendîmes dans un club de la ville. À ma grande surprise, je retrouvai cet homme, semblable à un personnage tout droit sorti d'un film historique. Nos chemins se croisèrent au bar, et je lui fis part de ma reconnaissance, lui rappelant notre rencontre la veille lors du concert d'Evan, dont j'avais publié plusieurs disques.

Sa réponse me stupéfia : il me connaissait bien, affirmant que j'étais le représentant du label Frémeaux, responsable de la réhabilitation de Jelly Roll Morton, un géant du jazz, dont il avait acquis le coffret grâce à Jacques Morgantini. Ce moment marqua une étrange coïncidence de la vie, où, à mon insu, je me trouvais investi d'un rôle historique, témoignant de l'inattendu pouvoir des circonstances à façonner nos destins.

C'est ainsi que je suis devenu l'obligé d'Alain Gerber pour éditer ce *Noël de Jelly Roll Morton*.

Patrick Frémeaux – L'éditeur

Alain Gerber et Patrick Frémeaux, à Toulon, mai 2024 (photo : Isabelle Barbet)

Sommaire

Pour Marie Joséphine

ALAN

Je l'avais croisé une dernière fois à New York, par le plus grand des hasards, dans le métro, à la fin d'une belle matinée de printemps où le soleil pétillait, où l'atmosphère présentait l'aspect du cristal fraîchement lavé. Il grimpait avec peine l'escalier que j'étais en train de dévaler. Cela s'est passé quelque temps avant son hospitalisation (dont, sur le moment, je n'ai rien su), soit environ un an après nos merveilleux rendez-vous à la Bibliothèque du Congrès. D'une voix haletante, qui semblait lui meurtrir la gorge au passage, il s'était excusé de ne pouvoir s'attarder avec moi comme il aurait aimé le faire. Il avait de nombreux rendez-vous à honorer avant midi. Avec ses hommes de loi, il s'apprêtait en effet à intenter à l'A.S.C.A.P.[1] et à je ne sais combien d'autres sociétés un procès qui allait faire du bruit et dont elles ne se relèveraient pas. Sa vue baissait, ralentissant ses travaux de composition, il était épuisé, mais comptait jeter ses dernières forces dans ce combat, qui était celui de la dignité, de l'honneur et de la justice. Il avait bon espoir que Roosevelt appliquât sous peu le plan de redressement de l'économie nationale dont il m'avait touché deux mots à Washington et qu'il avait adressé au président sous une enveloppe fermée par un cachet de cire rouge. Il s'échauffait à cette évocation.

1. *Une SACEM américaine, en quelque sorte.*

Une toux rebelle lui secouait la poitrine par accès. Pour finir, il m'avait remercié, non sans cérémonie, d'être resté un honnête homme dans un monde en train de renoncer aux valeurs qui avaient assuré sa fondation. Il avait levé la main droite, comme il s'apprêtait à prêter serment ou avait l'intention de me bénir. Son regard, comme délavé, m'avait paru d'une insondable tristesse.

Dans un article rédigé le 1er août 1941 par le correspondant de *Downbeat* à Los Angeles[2], j'ai appris la mort du « Roll » dans cette ville, le 10 juillet. L'auteur du reportage déplorait l'absence aux obsèques (auxquelles, de surcroît, n'avait assisté qu'un seul Blanc) des « chefs d'orchestre noirs les plus marquants d'aujourd'hui, Duke Ellington et Jimmie Lunceford », implicitement accusés d'ingratitude envers l'homme qui avait « tant fait pour sortir le jazz des mauvais lieux de La Nouvelle-Orléans ». (Si longtemps, me suis-je dit, il avait attendu en vain de lire dans la presse une phrase pareille...) Des pionniers de cette musique, à la retraite pour certains d'entre eux, avaient néanmoins tenu les cordons du poêle. Entre autres le cornettiste Papa Mutt Carey, le contrebassiste Ed Garland et Kid Ory, lequel avait enregistré avec Jelly à trois reprises en 1926, année bénie pour sa production. Le journaliste rapportait que quelqu'un avait fait remarquer à la fin de la cérémonie « qu'il eût été charmant d'avoir une fanfare qui eût permis de revenir du cimetière en swinguant les vieilles chansons de Jelly, selon la coutume néo-orléanaise. » Les membres du Kid Ory Orchestra, en vérité, avaient jugé la suggestion si

2. *Cité par Alan Lomax dans son ouvrage de référence, Mister Jelly Roll.*

heureuse qu'ils s'étaient promis d'y songer à la prochaine occasion…

L'autobiographie que Jelly avait entreprise dans l'enthousiasme, sinon dans la frénésie, et dont il m'avait lu les premiers paragraphes, j'étais certain dès ce moment-là qu'il ne la mènerait pas à son terme. Les plus éloquents des artistes noirs que j'ai rencontrés, comme assistant de mon père ou de ma propre initiative, étaient des illettrés. Quand on possède au naturel une certaine facilité de parole, voire une certaine faconde, on manque de la patience que l'écriture exige, sans parler de la technique nécessaire pour transposer cette verve sur le papier. J'ai décidé, après sa mort, de composer ce livre à sa place. Venant de moi – j'étais sans doute l'être vivant auquel il avait fait, y compris hors micro, le plus de confidences –, il n'y avait pas meilleur hommage à lui rendre que de partager avec le plus grand nombre ce trésor dont j'étais détenteur, mais pas propriétaire.

Assez peu de temps après ses funérailles, je me suis rendu à L.A., désireux de commencer mon enquête par les événements qui étaient à la fois les plus récents et, de mon point de vue, les moins documentés. J'aurais ainsi réglé d'emblée les questions les plus difficiles. Un témoin digne de foi m'a appris que le diamant serti dans son incisive en or avait disparu de sa bouche lorsqu'on a refermé le cercueil. Des pierres précieuses, en revanche, Anita Gonzales semblait s'être fixé pour mission d'être un présentoir ambulant. Celle qui avait été l'amour de sa vie entre 1916 et 1922 et qui l'avait hébergé dans cette ville jusqu'à son décès m'apparut plus décorée qu'un arbre de Noël, ayant au surplus enfilé une robe de soie bleu pétrole pour se rendre à notre rendez-vous sur la tombe de Jelly, au cimetière du Calvaire.

C'est devant la dalle, ornée d'un chapelet d'or à gros grains, mais dont l'inscription dorée me frappa par sa discrétion, sinon par sa modestie – *Repose en paix Ferdinand Morton Jelly Roll 1890-1941* –, c'est à cet endroit précis qu'elle me livra sa part de vérité, non sans fouiller mon regard avec un air de suspicion. Dans un bizarre mélange de retenue et d'empressement, elle me raconta qu'elle s'apprêtait à financer son retour sur le devant de la scène quand Ferdinand (elle ne l'appelait jamais autrement, sauf lorsqu'elle utilisait le diminutif de Ferd, que j'entendrais aussi dans la bouche de Mabel Bertrand, son autre compagne) – quand Ferdinand était tombé malade, conséquence directe du mauvais état général que j'avais moi-même constaté à New York et, plus encore, d'un affaiblissement consécutif à une épuisante traversée du pays d'est en ouest, en plein hiver, avec deux voitures reliées l'une à l'autre. Miss Gonzalez n'avait pu qu'enregistrer les signes du déclin qui le mènerait en quelques mois à une mort d'autant plus inévitable que, les derniers temps, il avait renoncé à lutter contre elle. Parce qu'il manquait d'énergie ? Sans le moindre doute, mais aussi pour une autre raison. Fred était mort à l'hôpital, dans les bras d'Anita, après avoir réclamé qu'elle enduise ses lèvres d'une huile spéciale qu'il avait apportée de Brooklyn à l'occasion de son ultime cavale. Une huile consacrée – me dit-elle, le visage grave – par un évêque.

« Lorsqu'il a rendu le dernier soupir, poursuivit-il elle, son menton en était tout ruisselant… Figurez-vous que Ferdinand était devenu le fidèle le plus assidu, le plus dévot de notre petite église. Le curé voyait en lui un modèle pour tous ses paroissiens. » Elle avait jeté un long regard circulaire, le sourcil froncé, l'oreille aux aguets, avant de poursuivre à voix basse : « Pourtant, il faut que vous sachiez une chose : la femme qui l'a élevé est enterrée en ces lieux, elle aussi, et c'était une sorcière. À cause d'elle, je suppose, il s'est initié en secret au vaudou. Mais qui sait dans quoi on glisse le doigt, lorsqu'on s'intéresse à ces choses ? On croit se servir d'elles et, pour finir, ce sont elles qui vous mènent par le bout du nez... À envoûteur, envoûteur et demi, répétait ma propre mère. Il est bien possible qu'elle ait eu raison, savez-vous ? Il est bien possible... »

Les yeux mi-clos, les traits figés, les narines épatées, les lèvres closes, Anita Gonzalez présentait maintenant une expression tout à fait mystérieuse. Puis elle se détendit d'un coup pour me tendre sa main constellée de bijoux et minauder en se tortillant comme une fillette : « Si je vous ai été utile en quelque chose pour votre livre, Mr Lomax, j'espère que vous trouverez la place de toucher à vos lecteurs deux mots de mon camp de touristes. Oh ! regardez : il n'y a plus un seul nuage dans le ciel. Vous allez avoir une très belle journée, j'en suis bien heureuse. La Californie a son charme, tout de même ! Au fait, vous a-t-on dit que mon poulet frit avait été recommandé par Duncan Hines dans son guide ? »

FERDINAND

Je vais lui écrire un petit mot pour Noël et, cette fois, glisser un billet dans l'enveloppe, regrettant seulement de ne pouvoir mieux faire.

Je suis sincère. Rien ne me plairait davantage que de me rendre un beau matin au bureau de poste et de lui expédier ce qui serait pour elle une fortune. Quelques milliers de dollars avec lesquels elle pourrait dire adieu à cette ville – cette capitale de la malveillance, creuset de toutes les cruautés humaines, où j'ai dû l'abandonner –, fuir New York une bonne fois et puis s'en retourner chez nous, là-bas à La Nouvelle-Orléans, l'endroit qu'aucun homme sain d'esprit (et une femme moins encore) ne devrait songer à quitter lorsqu'il a eu la chance d'y voir le jour. Elle s'achèterait un petit hôtel, comme Mamanita jadis, lorsque nous étions les rois de L.A. Ou bien elle ouvrirait une pension de famille, par exemple dans une de ces maisons typiques du Quartier français. Ou alors… Je ne sais pas, moi : ce qui lui conviendrait le mieux. Dieu sait que ce n'est pas le genre de chose dont sa vie avec moi l'a comblée, sauf peut-être à l'époque où, rien qu'avec les diamants cousus à mes supports-chaussettes, j'aurais pu lui payer tout ce qui lui faisait plaisir dans à peu près n'importe quelle vitrine de la 5e Avenue – toute la boutique, oui, sinon les murs qu'il y avait autour !

En Louisiane, elle vivrait doucement. Le pays a été créé pour cela. Cette douceur flotte dans l'air.

C'est comme une forme de politesse. Une nostalgie, mais qui aurait l'avenir devant soi. Je suis sûr que les naturels avaient inventé le rocking-chair avant que les Français, toujours si distingués, n'introduisent leurs chaises à pieds galbés. Là-dessus, ces Européens ont enseigné aux gens du cru le plus grand raffinement de la civilisation, qui consiste à savoir prendre du bon temps sans précipitation, sans vacarme et sans débraillé. Rien n'est plus difficile que de faire la fête sans tomber dans la vulgarité. Moi-même, hélas, je n'en ai pas toujours été capable, sauf lorsque je me mettais à mon piano pour composer ou que je dirigeais une séance d'enregistrement commandée par la compagnie Victor. Ces subtilités ne pénétreront jamais le crâne épais des moricauds. C'est pourquoi, en musique, comme je le leur ai souvent expliqué, ils ne seront jamais bons que jusqu'à un certain point (voyez Louis Armstrong, si on le compare à un trompettiste du genre de Freddie Keppard). Tandis que les Créoles, qui savent garder la tête froide, *a priori* ne connaissent pas de limites. Mais je m'égare : il était question de ma pauvre Mabel Bertrand.

À La Nouvelle-Orléans, elle ne réussirait pas à m'oublier. Je ne compte pas là-dessus, surtout si, grâce à l'argent d'Anita Gonzalez, je parviens à remonter un petit orchestre, à prendre un nouveau départ et, qui sait ? à retrouver ma place au sommet, celle qu'ont usurpée tous ces pitoyables « rois du swing », les Benny Goodman, les Count Basie (je n'ai même pas pu retenir le nom des autres !). Pour elle – je le lui ai entendu dire je ne sais combien de fois, et pas seulement quand nous étions seuls, pas seulement quand elle savait que je pouvais l'entendre –, pour elle, je suis un des génies du XXe siècle. Petit à petit, cependant, avec un peu de chance de part et d'autre, le climat aidant, elle s'habituerait à ne plus m'attendre. Cela se produirait pour ainsi dire sans y penser. Cela se produirait pour ainsi dire à son insu. Il le faudrait bien. Ce n'est pas possible autrement. Elle est la dernière personne sur terre à qui je voudrais faire du mal. Se détacher de moi, j'imagine, n'est pas facile, après tout ce que nous avons connu ensemble, tout ce que j'ai déposé à ses pieds quand j'en avais les moyens (« Oh ! Jelly. Jamais je n'aurais pensé qu'une créature humaine pouvait se montrer aussi généreuse ! »), toutes les paroles gentilles dont je l'ai abreuvée, afin d'oublier, moi, que je n'avais jamais été amoureux, ce qui s'appelle amoureux, de cette femme qui m'était si chère. Même le jour de notre mariage. Même le jour de notre rencontre : celui où je lui ai déclaré tout à trac, j'ignore encore pourquoi, que je l'épouserais un jour.

Se consoler de mon absence avec de beaux souvenirs et de beaux rêves ? Il y a quinze ans, elle n'y est pas arrivée. Pendant que j'allais tenter ma chance à Washington, je l'avais plantée à Harlem ; presque sans remords, fort de la certitude que je ne lui avais pas ménagé ma tendresse jusque-là. Deux années de suite, je l'avais laissée pratiquement sans nouvelles, avec l'espoir qu'un nœud qui se défait par un bout ne peut pas se resserrer par l'autre. Mais je prenais mes désirs pour des réalités. Je sous-estimais la foi que cette femme merveilleuse avait en moi (dommage, je le dis comme je le pense, qu'un autre n'ait pas jeté son dévolu sur elle). Elle était bel et bien à bout de patience, mais pas de la façon que j'imaginais pour me rassurer. Je la croyais fatiguée de mes mensonges et de ma désinvolture : elle n'était que lasse de sa solitude. Elle est venue me rejoindre, peu avant que je soumette à Roosevelt mon Grand plan de relance économique, et, vaille que vaille, nous ne nous sommes plus quittés depuis.

J'aimerais la rendre heureuse, mais saurait-elle l'être sans moi, fût-ce à La Nouvelle-Orléans ? À part mon talent, je suis prêt à lui donner tout ce que je possède. Simplement, étant l'artiste que je suis, l'inventeur et l'initiateur de tant de choses qu'on attribue maintenant à mes disciples ou à mes détrousseurs, je n'ai pas le droit de sacrifier ce que le ciel m'a confié. D'ailleurs, je n'en ai plus la possibilité. Je ne suis plus que l'usufruitier de ces dons phénoménaux. Tante Lalee les a vendus au diable le jour lointain où elle lui a vendu mon âme contre ses pouvoirs de sorcière vaudoue. En ce genre de marchandage, Satan se contente seulement de ce que vous avez de plus cher et, ce qu'Eulalie Echo eut jamais de plus cher dans le monde des vivants, c'était moi. Elle m'aimait trop, voilà tout. J'en ai profité lorsque j'étais enfant ; aujourd'hui, je dois rembourser cet excès d'amour. Sans mon génie, le diable ne voudrait pas de moi pour attiser son feu – les fruits secs, les gens qui ne servent à rien courent les rues (et, chaque jour davantage, les estrades des cabarets et les studios d'enregistrement). Alors, il faut regarder la réalité en face, je ne peux pas grand-chose pour Mabel. Si je dois de nouveau briller au firmament de la musique, ce sera, comme autrefois, ici à Los Angeles, ou à New York s'il le faut. Et, de toute façon, ce sera grâce à mon Anita. Jamais, hélas, Mabel n'aura été en mesure de me remettre le pied à l'étrier. C'est à moi de la protéger, au contraire. Mais comment ? Mais avec quoi ? Dès que je me sentirai moins patraque, je retournerai au cimetière. Je demanderai une fois de plus à ma tante de m'aider. J'ai vu faire les fidèles du vaudou, autrefois, sur la tombe de Marie Laveau, la grande prêtresse. Avec un crayon gras, ils calligraphiaient leurs vœux. La pierre en était toute noircie ; après la pluie, elle pleurait des larmes de ténèbres.

Je ne me fie guère à mes intuitions, dès qu'il ne s'agit plus de musique. Par le passé, je me suis montré trop naïf, trop candide : elles ont pris un malin plaisir à me décevoir, bien plus souvent qu'elles ne m'ont récompensé du crédit que je leur accordais. Pourtant, je n'avais pas plus tôt aperçu entre les mains de Mabel cette lettre qui en apparence, au demeurant, n'avait rien d'un faire-part que ma religion était faite. J'avais compris qu'elle signifiait le malheur. Rien n'aurait pu m'en faire démordre. L'enveloppe eût-elle contenu un paquet de titres ou une liasse de gros billets, j'étais sûr et certain qu'elle aurait quand même fini par nous porter la guigne d'une façon ou d'une autre.

Depuis qu'ils m'avaient « redécouvert » (comme ils se plaisaient à dire pour se dédouaner de m'avoir mis au rancart toutes ces années), depuis que ce Lomax, au printemps 1938, m'avait fait raconter mes souvenirs, chanter et jouer du piano pour les archives de la Bibliothèque du Congrès, depuis que nous avions rejoint New York (où je redevenais à la mode chez les mélomanes), depuis que la compagnie Victor s'était souvenue de moi, après m'avoir laissé tomber en 1930 en me faisant bien sentir que j'étais un poids mort, bref : depuis que l'espoir avait retrouvé le chemin de notre maison, c'était ma femme qui allait chercher le courrier. Elle voulait être celle qui m'apporterait la bonne nouvelle que j'attendais – le mot est faible, et pourtant, d'un autre côté, je n'y croyais pas du tout, à cause du sort qu'on m'avait jeté. J'avais en permanence les muscles si crispés, les nerfs si sensibles

– de vrais fils électriques dénudés ! – que, parfois, je ne pouvais pas dormir de la nuit, même si les facteurs n'ont pas coutume d'effectuer leurs tournées quand les gens sont au lit. Quelle bonne nouvelle au juste ? Franchement, nous n'en savions rien, ni elle ni moi. Mais le hasard avait voulu que Mabel me remît en septembre 1939 la convocation de la compagnie de disques, grâce à laquelle j'avais de nouveau dirigé dans un studio quelques-uns des meilleurs musiciens du pays, comme Sidney Bechet, Albert Nicholas, le trompettiste Sidney DeParis et le batteur Zutty Singleton. J'imagine que nous rêvions d'une invitation qui, sans être moins prestigieuse, eût été moins ponctuelle que celle-là. Nous rêvions que j'allais enfin être rétabli dans mes droits, dans tous mes droits et pour toujours.

J'attendais une certaine lettre, et peut-être serait-elle arrivée si les forces du mal n'avaient glissé cette autre lettre à sa place – cette lettre qui portait le cachet de Los Angeles, mais qui aurait pu être postée au fin fond de l'enfer… J'y viendrai tout à l'heure. J'aimerais tout d'abord en finir avec ces histoires de « Renaissance ». Renaissance du jazz de La Nouvelle-Orléans ! Renaissance de Jelly Roll Morton ! Avec des r majuscules, s'il vous plaît. Vous me faites rire, tiens ! Vous me rendez malade. Renaître ? Comme si une musique pouvait mourir ! On peut l'assassiner, ça oui, et on ne s'en prive pas ! On peut la faire disparaître, l'escamoter tel un lapin au fond d'un gibus. Cependant, quelque part, loin de vos tympans épais, elle continue à vivre. Elle vit malgré tout. Malgré vous, les fossoyeurs-ressusciteurs. Et elle vit intacte, ne vous en déplaise ! Quelque part, contrairement à vous, les musiques sont immortelles, pour peu qu'elles soient bonnes. Cette musique de Storyville, vous avez tout fait pour la perdre, l'abandonner au loin dans une sombre forêt. Vous ignoriez qu'elle est comme un chat qui, de l'autre bout de la terre, revient toujours à la maison. Et quand il arrive enfin sous le porche, c'est peut-être bien vous qui n'êtes plus là – parti en laissant le vent de l'hiver se bercer dans votre chaise à bascule et disperser les marques de vos pas…

Le jazz de La Nouvelle-Orléans, à présent. Il y en aurait donc un autre ? Il faut choisir. Ou bien la musique que je connais – mieux que personne, puisque j'en suis le créateur, celui qui a mis en forme un pur et simple magma, celui sans qui, tôt ou tard, la boue serait retournée à la boue –, ou bien cette musique-là mérite le nom de jazz, et les autres ne sauraient le revendiquer ; ou bien ces dernières le revendiquent à bon droit et il faut appeler cette musique autrement ! J'ai beaucoup bourlingué, dans ma jeunesse, entre 1905 et le moment où je me suis établi à Chicago, laissant Anita à L.A. – ça devait être en 1922. Un peu partout, j'ai entendu des pianistes ou des orchestres distiller un brouet qu'ils avaient baptisé « jazz ». Eh bien, ça ne ressemblait à rien du tout, et en tout cas pas à la musique que j'avais passé des milliers de nuits à façonner, à ciseler, à peaufiner, à polir, me rendant presque aveugle à force de me crever les yeux sur le papier réglé. Même les Noirs, à La Nouvelle-Orléans, étaient plus consciencieux et plus ambitieux que ça ! Mes disques avec les Red Hot Peppers ont montré au monde entier ce qu'il convenait de faire, si l'on voulait se prévaloir du titre de jazzman. Ils ont prouvé une fois pour toutes qu'il ne suffit pas de braire dans un instrument en enfilant sur un fil tordu toutes les idées qui vous passent par la tête, dans le désordre où elles se présentent ! Mais, justement, ils ont fait peur à trop de musiciens qui n'étaient pas du niveau, et tous ceux-là, pour noyer le poisson, se sont empressés de fabriquer une espèce de bruit qui cache leurs lacunes et leur impuissance. D'ailleurs, ils n'ont pas été tout à fait malhonnêtes puisqu'ils ont fini par baptiser cet ersatz, cette mauvaise contrefaçon, d'un autre nom : swing (le swing aussi, je l'ai inventé, mais passons). Je parie n'importe quoi que de pires musiciens qu'eux se présenteront à leur tour, tourneront leur ratatouille en dépit du bon sens et, une fois qu'ils s'en seront aperçus, imagineront un nouveau vocable, le premier qui leur tombera sous la main, pour la désigner et soutirer grâce à elle – à elle et aux éditeurs, aux patrons de clubs, aux journalistes, aux producteurs de disques – un maximum d'argent aux gogos qui pullulent à la surface du globe !

Et Jelly Roll Morton, puisqu'ils consentent maintenant à faire mention de lui au milieu des tissus d'inepties que débitent leurs torchons ? Avait-il besoin de naître une seconde fois pour devenir ce qu'il est depuis près de quarante années (1903, c'est la date que je fixe pour le triomphe de mes idées et la fondation, en conséquence, de ce qu'on nomme le jazz quand d'aventure on sait de quoi l'on parle) ? La première fois, par hasard, n'était-elle pas suffisante, dans un univers où la médiocrité semble être la règle, sinon le désir de chacun ? Je n'étais pas assez visible, peut-être ? Je n'avais pas assez fait d'étincelles ? On ne m'avait jamais appelé Mister Jelly Lord, ni Winin' Boy, le Tombeur, l'arbitre des élégances, la folie de toutes ces dames que, moi, je regardais à peine ? S'ils l'ont oublié, moi pas. Eux, ils ont erré dans les limbes durant tout ce temps, écoutant la bave au menton des types qui n'auraient jamais su taper sur un piano, fût-ce avec une brique ! Eux ! Eux ! Eux, ils étaient en dessous de tout, pareils à ces guignols qu'ils admiraient. Mais moi ? Moi, je continuais à survoler de très haut cette agitation pathétique. Moi, je ne me suis jamais abaissé au niveau de ceux qui trichent avec la musique et qui, de faux as plein leurs manches, réussissent à perdre quand même. À tout perdre sauf la gloire et la fortune. Renaître ? C'est ce que j'ai fait chaque soir au moment d'entrer en scène, chaque nuit au moment de trouver des idées neuves en présence du public, chaque matin au moment où, rentré chez moi, plutôt que de jouir d'un repos bien gagné, je m'installais à mon piano devant une partition vierge, un crayon posé sur l'oreille, ou coincé entre l'index et le majeur de ma main gauche. Un génie n'a pas d'autre solution : c'est pour cela précisément qu'on l'a mis sur terre. J'aurai accouché de cette musique à chaque instant de ma chienne de vie. Je suis tout, sauf une relique du passé, même s'il se trouve des jeunes gens pour se prosterner devant la châsse. En 1903, j'ai prédit dans ma musique l'avenir du jazz. Il n'est que temps qu'il advienne. Et par qui adviendrait-il, sinon par celui qui en détient les clés, aujourd'hui comme hier ?

Je sais que je dois parler de cette lettre funeste, mais j'ai encore quelque chose à dire au sujet de ce fameux « retour » de Jelly Roll. Ils savaient ce qu'ils faisaient. Ils m'ont laissé un peu de champ, après mes enregistrements pour le Congrès, mais ils tenaient fermement le bout de la laisse, prêts à tirer dessus s'il me prenait fantaisie de les planter là et de rendre au néant tous les faux prophètes qu'ils étaient allés y pêcher, dans l'espoir de se remplir les poches avec leurs succès frelatés.

Lomax et moi, des semaines durant, nous n'avons pas chômé. Jour après jour, je le rejoignais dans ma Lincoln à l'auditorium Coolidge de la Bibliothèque, une flasque de bourbon dans la poche, sapé de manière à le faire cligner des yeux. Ce n'étaient pas les sièges qui manquaient dans cette salle, on s'en doute, pourtant il s'installait par terre, quasiment sous le piano, et c'était de là en bas qu'il me posait ses questions – en admettant que j'aie oublié un détail ou qu'il y ait eu besoin de me relancer : ça n'arrivait pas très souvent. Il se faisait tout petit : au début, je n'ai pas compris pourquoi. Après tout, c'était lui le patron, dans l'histoire. À sa place, je serais resté debout, dominant la situation, puisque, moi, j'étais bien obligé de m'asseoir sur la banquette pour jouer et parler en face du micro. En tout cas, j'appréciais sa discrétion. Je me sentais les coudées franches. Une fois lancé, quelquefois, j'oubliais même sa présence et ne prenais plus la peine de faire le tri dans mes souvenirs. C'était le but de l'opération, bien sûr ! – j'ai fini par y voir clair. Ce gars-là n'était pas né de la dernière pluie ; pour obtenir ce qu'il voulait, mine de rien, il en connaissait un rayon. Eh bien, tant mieux ! On est toujours content d'avoir fait confiance à un type vraiment marle, et qui n'a pas compté là-dessus pour vous enfler. Je sais ce que je dois à Alan Lomax ; de son côté, il sait que je ne me suis pas foutu de lui. La vérité sur la naissance du jazz et le rôle de premier plan que j'y ai tenu est désormais déposée aux archives de la nation, suspendue telle une épée de Damoclès au-dessus de la tête des usurpateurs et ne demandant qu'à s'étaler dans les manuels, dans les revues d'historiens, ne demandant qu'à ramener ma photo à la une des journaux. En échange, j'ai remis à cet homme un trésor inestimable, auquel rien du genre ne peut se comparer – le bijou de sa collection, sans le moindre doute (d'ailleurs, il me l'a dit). Et, grâce à moi, les futures générations n'oublieront pas son existence, à lui non plus.

Des disques, ensemble, nous en avons gravé des piles ! Seulement, s'ils appartenaient à l'Histoire des États-Unis d'Amérique, ils n'étaient pas destinés au commerce, et c'était là le hic. En fait, je dirais que c'était à la fois leur point faible et leur point fort. Ils n'étaient pas diffusés comme il aurait fallu qu'ils le fussent pour que je récupère tous mes titres, mais, de ce fait, ils excitaient la curiosité d'un tas de gens et leur donnaient une envie dévorante de les entendre. Un éditeur s'était arrangé avec Lomax pour publier une petite partie – en principe la crème – de ce que j'avais enregistré à l'auditorium. Ça n'a fait qu'aiguiser l'appétit des collectionneurs. De toute façon, ces gars-là auraient été malades s'il leur avait manqué ne fût-ce qu'un millionième de ce que j'avais joué. Ils se fichent de ce que vous leur proposez, du moment qu'ils sont sûrs d'avoir *tout* ! Les autres râlaient aussi, parce que l'éditeur en question dirigeait une compagnie confidentielle, dont les produits n'étaient pas très bien distribués à travers le pays. N'y tenant plus, deux joyeux drilles se firent ramasser par la patrouille alors qu'ils tentaient de s'introduire dans la Bibliothèque par une nuit sans lune, espérant faucher les cires que j'avais laissées là… Pas de doute : le monde était de nouveau mûr pour la musique de Jelly Roll Morton. Toutefois, il ne fallait plus le faire languir trop longtemps.

En musique, vous avez beau être un roi, aucun carrosse ne passera vous prendre en bas de chez vous. Si vous voulez jouir de vos privilèges, toutes les démarches vous incombent et vous devez les régler de votre poche. Ces grandes maisons de disques, attendant que les alouettes leur tombent toutes rôties, elles ne lèveront pas le petit doigt pour vous faire venir à elles. À moins que vous ne soyez déjà un artiste à la mode, dont on se dispute la présence et les productions. Si ce n'est pas ou si ce n'est plus le cas, il faut en quelque sorte que vous tiriez les sonnettes comme un vulgaire représentant en brosses de crin et que vous vous apportiez vous-même sur un plateau, après vous être déballé de votre valise. Or, il n'existe qu'un moyen pour qu'ils vous entrouvrent leur porte : faire le travail à leur place. C'est-à-dire procéder à la fabrication d'échantillons de ce que vous avez à leur vendre et les leur envoyer par la poste, en espérant que quelqu'un voudra bien mettre son nez dans le paquet et ne pas estimer qu'il sent mauvais. Ces enregistrements de démonstration s'appellent des acétates, parce qu'ils sont faits, comme par hasard, d'une matière particulièrement périssable : l'acétate de cellulose. Aussi n'attendent-ils même pas la deuxième audition pour commencer à se dégrader et, si l'on insiste un peu, l'aiguille du phono finit par passer au travers. On dirait qu'ils sont là pour symboliser la précarité de votre situation. Pour témoigner de l'incertitude de votre sort, une fois qu'il a été remis entre les mains de ces juges tout-puissants, les producteurs. Mabel et moi, nous avions tout juste trois sous vaillants. Je les ai investis dans une série d'acétates, réalisée à Baltimore au printemps 1938.

En me saignant aux quatre veines, j'avais de quoi acheter la matière première, louer le local et le matériel, arroser le gars en blouse blanche qui règle le micro et s'agite derrière la vitre. Mais il ne me restait quasiment pas un flèche pour me payer des partenaires corrects. J'ai dû engager des jeunots du coin – il valait mieux ne pas leur demander le nom de l'instrument qu'ils avaient entre les mains. Je crois qu'ils avaient appris dès leur jeune âge à jouer *Dinah*. De tout leur répertoire, c'était le seul et unique morceau qu'on pouvait reconnaître à coup sûr. Mais je n'allais pas me déconsidérer en proposant du *Dinah* aux grandes compagnies, plus de dix ans après Clarence Williams, Ethel Waters, Fletcher Henderson et toute la troupe. Je n'allais pas non plus confier du Jelly Roll à des bousilleurs de cet acabit. J'ai tenté de leur faire sortir quelque chose qui ait forme humaine de morceaux qui traînaient sur toutes les antennes à ce moment-là, comme *My Melancholy Baby*, *I Ain't Got Nobody* ou le *Honeysuckle Rose* de Fats Waller (ces types-là adorent entendre ce qu'ils connaissent déjà par cœur). Je rêvais, si j'avais imaginé une seule seconde que l'entreprise n'était pas désespérée. J'en ai été pour mes frais, c'est le cas ou jamais de le dire. Je me suis retrouvé sur la paille avec, en guise de remords, ces malheureux disques qu'il était plus urgent de soustraire que de soumettre à la curiosité des grandes compagnies.

À la fin de cette année-là, si je ne confonds pas les dates, un amateur particulièrement mordu (j'ai oublié son nom, mais c'était le fils de l'ambassadeur des Mongols, ou des Turcs, quelque chose comme ça – à Washington, ils sont tout un régiment), bref : un gamin m'a demandé de graver quelques solos de piano et deux, trois blues en compagnie de Mabel. Là, j'ai pris mes précautions. Toutes les cires dont je n'étais pas pleinement satisfait, je les ai embarquées sous mon bras en sortant du studio et je les ai planquées dans un endroit où même moi, j'aurais du mal à remettre la main dessus. Il est resté un peu moins d'une demi-douzaine d'interprétations, uniquement sur des compositions à moi (je me souviens de *Finger Buster* : c'est une pièce qui exige des poignets d'acier, et aussi de *Creepy Feeling*, à cause de ce petit côté exotique que j'appelle, moi, « espagnol »). J'ignore ce qu'ils en ont fait. Je n'en ai plus jamais entendu parler. J'imagine qu'ils se seront endormis dessus. Ou que l'autre, là, le fils du sultan, se les repasse dans sa chambre à longueur de nuits, seul et toutes portes closes, tout fier de ce que personne d'autre en ce monde ne soit en mesure de les entendre. En tout cas, si j'avais compté sur elles pour attirer l'attention et secouer l'apathie des producteurs, j'étais de la revue.

D'où ma surprise quand arriva cette lettre des disques Victor, d'autant plus bizarre que ses termes évoquaient bel et bien – je n'ai pas coutume d'employer les mots à tort et à travers – une convocation, plutôt qu'une sollicitation. Vous auriez pu croire, non seulement qu'ils ne m'avaient jamais chassé de leur maison dix ans plus tôt, mais que je restais leur obligé, sinon leur débiteur ! Cependant, il me fallait bien avaler la pilule. Elle a cessé de me paraître amère, d'ailleurs, après que j'ai eu reçu d'eux l'assurance que je pourrais choisir moi-même chacun de mes musiciens, puis appris que Bechet serait libre, au moins pour la première des deux séances prévues dans le courant du mois de septembre (1939). En l'absence d'Omer Simeon, mon clarinettiste préféré depuis toujours, j'ai contacté Albert Nicholas, qui avait déjà travaillé pour moi à plusieurs reprises. Bien entendu, il était ravi de me retrouver, comme tous les autres. Nous nous regardions, et cela suffisait pour que des souvenirs heureux remontent à la surface. J'avais prévu d'évoquer Buddy Bolden : de l'avis de tous, je n'aurais pas pu avoir une meilleure idée.

Les gars de chez Victor m'ont révélé qu'un Français, un nommé Hughes Panassié, avait monté à distance toute cette affaire (dont ils n'auraient jamais eu l'idée eux-mêmes : c'était ce que j'étais censé comprendre). Je découvrais ainsi qu'en Europe ils étaient fous de moi. C'était une fameuse nouvelle ! La compagnie aurait pu en profiter. Quels risques prenait-elle ? Ces faces avec mes « New Orleans Jazzmen » étaient très réussies, elle devait en convenir. Raison de plus pour ne pas en rester là. Mais ce genre de chose – je parle des évidences et des convictions personnelles – ne compte pas aux yeux des producteurs. Elles les embarrasseraient plutôt. Qui veut noyer son chien… En fait, la maison Victor s'est comportée comme si ces galettes étaient juste assez bonnes pour des mangeurs de grenouilles. On avait sans doute peur qu'en les poussant en pleine lumière, on ne contribue à rejeter dans l'ombre des enregistrements qui rapportaient davantage et dont la popularité, du coup, se serait étiolée du jour au lendemain. En matière de musique, ces gens n'ont aucune conviction. Ou alors ils les épousent toutes à tour de rôle, en fonction des humeurs du public, lequel ne connaît rien à rien. Seigneur Jésus ! Pourquoi ne choisissent-ils pas de vendre des journaux ou des légumes de saison ? Ils seraient davantage dans leur élément. Quoi qu'il en soit, ils ne m'ont plus donné signe de vie. Mes réserves en liquide fondaient comme neige au soleil. Ma santé n'arrêtait plus de se détériorer, depuis que j'avais reçu ce coup de couteau au Jungle Inn de Washington, quelques semaines avant de prendre mes cliques et mes claques et de me replier sur New York, la ville que je hais le plus au monde. Et puis j'avais le mauvais œil, ça ne datait pas de la veille. Tant que je resterais envoûté, il ne servirait à rien que je m'obstine. Il a bien fallu que j'aille voir ailleurs. Seulement, je n'ai eu d'autre choix que de contacter une compagnie qui n'avait ni la renommée, ni la puissance de Victor : General Records.

En décembre 1939, j'ai gravé pour elle une douzaine de solos. Je n'étais pas du tout dans mon assiette ce jour-là. J'ai dû m'y reprendre à trois ou quatre fois pour venir à bout de certains morceaux, que j'avais pourtant dans les doigts depuis mes débuts à Storyville. Je me demande si les gens qui ont acheté ces disques se rendent compte de mon état. Ils croient tous que, pour un musicien, rien n'est plus facile que de faire de la musique. Vous y prendriez même un tel plaisir, d'après eux, que c'est vous qui devriez les payer pour avoir l'honneur de leur jouer quelque chose ! Toujours est-il qu'ils ont beaucoup apprécié mon *Mamie's Blues*, dont les devins appointés par l'éditeur prédisaient que c'était trop peu commercial pour avoir le moindre succès. On m'a rappelé quinze jours plus tard, afin que j'enregistre avec une petite formation (trois des New Orleans Jazzmen étaient de retour, Nicholas, Zutty Singleton et Wellman Braud) quelques pièces susceptibles de séduire davantage : près d'un an plus tard, je constate que personne ne s'y est intéressé. Moi-même, je refuse de les écouter. Surtout celles que nous avons mises en boîte le premier jour. Je n'ai jamais admis qu'on se présente en état d'ébriété à l'une de mes séances. L'ivresse, je la laisse aux nègres qui n'ont que leur foutue improvisation à la bouche et vont parader dans leurs foutues jam-sessions ! Pourtant, ce 4 janvier 1940, c'était bien Jelly Roll Morton le plus noir de la bande. Pendant que je chantais sur le dernier morceau, *Big Lip Blues* (une composition qu'on n'avait même pas eu le temps de travailler : d'habitude je n'aurais jamais laissé passer ça), j'ai lâché dans le micro que je commençais à n'y plus voir clair – et ces salauds ont publié le disque tel quel, avec cet aparté indigne en plein au milieu. Cela me serre le cœur.

Ça les amuse quand je leur raconte comment les gandins de La Nouvelle-Orléans évitaient de marcher et se plantaient au bord du trottoir, raides comme la justice, appuyés du bout des doigts aux réverbères, à l'équerre, le bras bien tendu, de manière que le pli de leur pantalon reste affûté comme une lame de rasoir, ou comment ils se collaient une ampoule électrique à la pointe du soulier, qu'ils faisaient clignoter grâce à un petit système dissimulé sur eux, chaque fois qu'ils croisaient une poulette assez godiche pour ne pas piger la combine… Ils disent tous que je peux être drôle parfois, quand je veux, avec ma façon de m'exprimer, mais que, en règle générale, je n'ai aucun humour. Aucun humour ? Je voudrais bien les y voir ! J'ai peur, moi. Depuis des années, en tout cas depuis qu'ils m'ont envoyé, à New York, ce maudit nègre des îles qui versait des poudres sous mon paillasson, sous mes tapis, dans mes tiroirs, dans les poches de mon manteau de ragondin et jusqu'au fond de mon chapeau, je ne vis plus et, humour ou pas, je n'ai pas peur de reconnaître que je suis terrorisé. Contre les pouvoirs occultes, contre les forces surnaturelles, il n'y a pas de courage qui tienne. Ce serait pure bêtise, pure inconscience, et parfaitement vain par-dessus le marché. Ne pas craindre les maléfices n'aboutit qu'à une chose : vous vous offrez à eux, vous courez vous cogner le nez dessus au lieu de les esquiver par tous les moyens. À vouloir faire le malin avec le Malin, vous ne risquez guère d'être vainqueur – et vous pouvez bien appeler ça un mot d'esprit si ça vous chante : d'esprit, il n'en manque pas dans les histoires de vaudou…

David a vaincu Goliath, mais personne ne tiendra jamais tête aux sortilèges. Ça prendra seulement le temps que ça prendra, la quantité de cérémonies secrètes, de passes, de signes cabalistiques, de propos funestes, d'invocations, d'enchantements et d'envoûtements nécessaire, la quantité de pattes de poule et de saupoudrure à déposer subrepticement au milieu de vos affaires : à la fin, ils vous auront. Ils auront votre peau et, croyez-moi, ils ne se contenteront pas de si peu. Alors, celui qui ne sent pas un glaçon lui couler le long de la colonne vertébrale, c'est qu'il ignore comment fonctionne la magie noire – et, dans une certaine mesure, je l'envie. Moi, je n'ai jamais eu cette chance. Tout petit, j'ai vécu chez une sorcière qui était ma propre tante et marraine. J'ai vu de mes yeux les bocaux où elle entreposait ses cœurs de tortue. J'ai vu les carafes d'eau bénite qui, au cas où, la protégeaient elle-même de ses débordements spiritualistes. J'ai vu brûler des substances et j'ai senti des parfums qui ne sont nommés dans aucun livre, car le mot suffirait à foutre le feu au papier. J'ai entendu la voix des défunts sortir d'un banal verre d'eau, les assiettes ricaner entre elles dans le vaisselier du living, la machine à coudre se mettre toute seule en marche à 3 heures du matin, les fantômes traverser les vitres et frôler les murs de ma chambre, essayant d'empêcher leurs chaînes de cliqueter, pendant que je grelottais de frousse au fond de mon lit en mordant mes genoux et en attendant qu'un spectre ou un autre, rien que pour faire rigoler le reste de la compagnie, vînt me passer la main dans les cheveux ou me chatouiller les doigts de pied.

Et puis j'ai vu – aussi souvent que je voulais – les fameux coffrets à bijoux d'Eulalie Echo. Ils étaient si bourrés qu'ils vomissaient de l'or et des pierres précieuses sur votre main dès que vous essayiez de soulever le couvercle. On aurait dit un soufflé en train de monter dans un four, ou la mousse dans une bouteille de bière qu'on vient de décapsuler. Tous les six mois, elle devait s'en acheter un nouveau, plus gros que le précédent, tellement son commerce avec l'au-delà rencontrait de succès auprès des gens du quartier. Sans parler de ceux qui rappliquaient de l'autre bout de la ville et même de la campagne. Moi-même, un simple gosse à moitié orphelin, je me baladais toujours avec un bout d'émeraude ou quelque chose du genre accroché quelque part. Et je vous jure que personne ne se risquait à me le faucher, sachant trop bien les comptes qu'il aurait eu à rendre aux créatures d'outre-tombe, engeance autrement plus redoutable que les pires brutes à nuque rouge du commissariat, de la prison municipale et des fermes pénitentiaires. À part cela, c'est Lalee, sans aucun doute, qui m'a donné le goût de la broquille. Un goût qui ne me passera pas de sitôt. En fait, je demande que mes diamants soient enterrés avec moi – en espérant que, le jour venu, il ne me reste pas uniquement celui qu'on a enchâssé dans mon incisive en or, et qui aura servi aux inconnus à me cataloguer au premier coup d'œil.

Les esprits, si ma tante ne les avait pas retenus, si elle n'avait pas rappelé sans cesse à Satan les termes de leur marché, il y a belle lurette qu'ils se seraient abattus sur mes épaules tel un vol de corbeaux sur un épouvantail. Ils n'attendaient qu'un signe des ténèbres. J'étais à leur merci, et si affaibli par toutes leurs manigances que je n'aurais même pas pu lever le petit doigt pour me défendre. Dans ce studio loué par General Records, je craignais une chose par-dessus tout : qu'ils m'emmêlent les doigts, qu'ils m'embrouillent les idées et que je perde la face devant l'ingénieur du son et les représentants de la compagnie. Lors des séances de décembre, il s'en était fallu de très peu. Tout s'était déroulé comme si j'avais dû retenir sans cesse des bouts de moi, des bouts de mon âme et de mon esprit, qui cherchaient à quitter le navire de tous les côtés. Heureusement que j'avais l'air aussi malade que je l'étais : personne ne m'a soupçonné de perdre le contrôle de ma musique. Survivre à une telle honte aurait été bien pire pour moi que de retourner à l'hôpital, ou même de succomber à une crise cardiaque.

J'ai joué un Naked Dance sur les chapeaux de roues, à la limite de mes capacités, dans le seul but de donner le change. Encore étais-je alors le seul musicien en piste, le seul à pouvoir saisir de l'intérieur ce qui se passait. Mais, en janvier, c'était une autre histoire. Nous nous retrouvions à sept dans le studio, et la plupart d'entre nous étaient des professionnels chevronnés, à qui l'on ne faisait pas prendre les vessies pour des lanternes. Je serrais les dents, à la seule idée que l'un d'eux, ou tout l'orchestre comme un seul homme, pourrait penser que Jelly Roll Morton n'était plus que l'ombre de lui-même. Voilà pourquoi je me suis saoulé. Ce fut pour arrêter ce tremblement qui me gagnait. Est-ce que j'avais seulement le choix ? Est-ce je m'en serais tiré rien qu'en faisant appel à tout mon courage ?

Vaut-il mieux être réveillé, comme je le fus jadis, par le déplacement furtif d'un ou deux défunts dans la pièce ou, comme c'est aujourd'hui mon cas, par ses propres grincements de dents ? À force de me dénier justice, ils me rendront aussi fou que Bolden (à qui le monde faisait si mal, dans les derniers mois de sa vie d'homme libre, que, pour atténuer la douleur, il ne trouvait d'autre moyen que de battre comme plâtre les êtres qui lui étaient le plus chers, à commencer par sa mère). Ils me feront perdre la boule, comme à tous ces moricauds qui s'époumonaient dans leurs instruments sur les rives du lac Pontchartrain, faisant claquer l'une après l'autre les agrafes qui empêchent le cerveau d'un homme d'aller se cogner au plafond de son crâne à chaque mouvement qu'il fait. J'épuiserai toute mon énergie dans cette lutte inégale et je serai transformé en légume – en un bulbe tremblotant qui s'arrose lui-même avec l'eau qui lui coule en permanence de la bouche. À moins que je ne leur file sous le nez. À moins que je ne leur échappe par le trou de mes blessures. Pour ce qu'on en voit de l'extérieur, ce ne sont plus que des cicatrices. Au-dedans, elles ne se sont jamais refermées, je le sens, et c'est par là que je m'infecte tout doucement, jour après jour. Il n'y a pas que les cancers qui vous rongent.

Ils m'ont d'abord envoyé ce gars des îles pour m'entortiller, avec toutes ses saloperies à semer partout sur mes affaires. Pour le contrer, comme je ne pouvais faire le voyage de New York à L.A. et demander conseil à ma tante, j'ai consulté un ramassis de bonnes femmes qui organisaient des séances dans leur cuisine ou leur salon transformé en chambre mortuaire, compte tenu des bougies qui brûlaient dans le noir et des formes qui se déplaçaient dans votre dos. En particulier une dame Elise. Elle n'a rien trouvé de mieux, comme contre-charme, que de me faire arroser d'essence, avant d'y foutre le feu, toutes les affaires personnelles, dont une garde-robe digne des princes de Galles. Cela après m'avoir ordonné de découper en petits carrés, puis de lancer dans la Harlem River mes valises de peau et ma collection de couvre-chef – conseil qui, soit dit en passant, m'a coûté plus de dollars (à elle versés) qu'il ne m'en aurait fallu pour reconstituer l'ensemble de ces possessions matérielles. Je ne savais plus ou j'en étais. La preuve en est qu'il m'a fallu plusieurs années pour comprendre qu'elle était de mèche avec mon Antillais. Entre-temps, j'étais si désemparé que j'avais décidé de tracer un trait sur la musique et de me lancer dans les affaires. J'ai tenté de m'imposer sur le marché du cosmétique, mais la poisse ne me lâchait pas d'une semelle (ni d'une semaine !). Je me suis retrouvé sans un rond, et il y avait quand même encore des types qui étudiaient le meilleur moyen de me faire les poches. À ce qu'il faut croire, pourtant, je n'étais pas rassasié. J'allais voir des tireuses de cartes, dans l'espoir qu'elles m'annonceraient une éclaircie prochaine, en attendant cette apothéose dont on m'avait frustré. C'est ainsi qu'en plus de tout le reste, je dilapidai la plus grande partie de mes diamants. J'étais devenu la vache à lait de tous les charlatans de la ville et de la bande d'aigrefins qui les suivaient partout, avides de ramasser leurs miettes. Là-dessus, je suis parti seul pour Washington, où, pour être franc, j'ai continué de dévaler la pente jusqu'à ce que quelqu'un (Eulalie ?) plaçât le Bibliothécaire du Congrès sur ma route. Enfin, j'ai pu me relever de cette chute interminable. Mais ils n'allaient pas lâcher le morceau comme ça. Cette fois, ils m'ont envoyé le demi-sel au couteau, qui m'a piqué le crâne et fendu la poitrine, à pas plus d'un ou deux pouces sous le cœur.

J'avais trouvé ce nom de Jungle Inn, comme j'avais imaginé l'une après l'autre les précédentes enseignes de cette boîte maudite : Music Box, Blue Moon Inn. Je cherchais une raison sociale susceptible d'attirer le chaland – quelque chose dont on se souvienne et qui fasse un peu rêver. À New York, mon affaire de maquillage ayant périclité comme si, tout à coup, une grève des houppettes s'était abattue sur les boîtes de poudre, je me suis senti oppressé. Cette ville sans cœur se resserrait autour de moi tel un énorme poing, cherchant à m'étouffer, à m'essorer de mon sang. On était en 1935. Je me suis dit qu'il y avait de l'argent à se faire dans les combats de boxe, une partie où, apparemment, on ne connaît pas de morte-saison. Mais je voulais tenter ma chance ailleurs, dans un coin où les associations criminelles ne se pressent pas en rangs serrés autour des rings. J'ai raconté des salades à Mabel, de manière à ne pas l'avoir dans les jambes pendant que j'essaierais de m'infiltrer dans un milieu qui, depuis mes vadrouilles d'il y a trente et quarante ans, au cours desquelles j'avais fréquenté à la pelle joueurs et parieurs professionnels, ne paraissait pas présenter pour moi le moindre mystère, mais qui, à l'image de tous les autres milieux, ne devait pas accueillir les inconnus à bras ouverts. Deux types qui se concurrencent jusqu'à s'envoyer des poseurs de bombe le jour de leur anniversaire s'entendront toujours pour refouler un intrus.

J'ai confié à ma femme la mission (capitale, d'ailleurs), de veiller sur mes intérêts auprès de la maison qui éditait mes compositions et de la société de droits d'auteur dont j'étais membre. Tous ces gens me volaient comme au coin d'un bois et nous aurions pu vivre sur un grand pied s'ils m'avaient seulement versé le quart de ce qui me revenait. J'étais décidé à leur mettre des bâtons dans les roues et, pour cela, il était préférable de camper sur leur paillasson que d'envoyer du diable Vauvert des courriers qu'ils faisaient semblant de ne pas avoir reçus. La tâche de Mabel n'était pas du tout secondaire. Je n'avais pas l'air de me ficher d'elle. Une fois dans la capitale fédérale, cependant, je ne lui ai plus donné signe de vie, et j'ai tenu comme cela pendant près de deux ans. Oh ! des remords, j'en avais. Si, ce n'avait pas été le cas, je lui aurais envoyé une lettre de rupture, comme j'avais essayé cent fois de le faire, allant jusqu'à étaler le papier sur la table et à déboucher l'encrier. Il y avait deux choses alors que je désirais par-dessus tout, aucune des deux ne parvenant à prendre le pas sur l'autre : me séparer d'elle et ne pas lui causer la moindre peine. Cela aurait troublé des cœurs mieux trempés que le mien. Quant à gagner du temps en me contentant, comme font la plupart des gens, de la tenir au courant de ce qui passait en trois phrases convenues, griffonnées au dos d'une carte postale, il n'en était pas question. D'abord, je jugeais qu'il était injuste à son égard de lui donner de fausses espérances. Ensuite, il ne me semblait pas judicieux, si je visais notre séparation, d'entretenir par des mots affectueux, fussent-ils des formules toutes faites, la nostalgie qu'elle avait de moi, ni de susciter de sa part des réponses qui ne m'auraient pas aidé à l'abandonner. Enfin, quelles nouvelles lui aurais-je données, qui ne l'auraient pas mise au désespoir ? Tout ce qui n'avait pas mal tourné n'avait pas tourné du tout – je veux dire même pas pris tournure. Depuis que je me trouvais à Washington, l'histoire de ma vie hésitait entre projets avortés et projets tombés à l'eau. N'avait pas échoué que ce qui ne valait même pas le coup d'être tenté.

Puis il a fallu que je fasse la connaissance de cette Cordelia… Je préfère ne pas savoir qui l'a mise sur mon chemin. Bref, elle m'a engagé pour tenir son établissement de nuit, à l'étage d'un des bouibouis, tous plus miteux les uns que les autres, qui encombrent le ghetto de la ville. J'étais le portier, l'aboyeur, le barman, le cuistot, le videur, le meneur de revue, le comptable, l'homme de charge, la femme de ménage et le pianiste s'il me restait cinq minutes pour cela. J'étais tout ce qu'on veut, sauf ce pour quoi on était venu me chercher. Gérant ? Comme aurais-je pu gérer quoi que ce fût, avec cette femme-là sur le dos ? Livré à moi-même, j'aurais fini par donner un peu d'allure et de prestige à son taudis. La preuve : les gens de la mairie, sensibles à mes manières de gentleman du Sud, m'avaient autorisé à recevoir ensemble des Blancs et des Noirs (et j'étais en ce domaine, dans tout le District fédéral, l'exception qui confirmait la règle). Mais voilà, la principale occupation de Cordelia dans l'existence semblait être de démolir le plus vite possible ce que j'avais mis des jours, des semaines, des mois à construire. Je lui relevais son affaire à la force du poignet : elle s'arrangeait pour la faire retomber encore un peu plus bas qu'avant mon intervention. Moi qui ai tant bourlingué, jamais je n'ai rencontré une personne qui s'acharnât autant à sa propre perte. Non seulement elle voyait petit, s'effrayant de toutes les ambitions que j'avais pour sa boîte, mais elle s'arrangeait pour couler le peu qui subsistait de ce dont j'avais rêvé. Notamment en laissant entrer n'importe qui, en consentant des rabais à quiconque les réclamait et en affichant table ouverte à ses amis et connaissances (lesquels, dans ces conditions, voyaient leur nombre doubler chaque soir). Décourageant la clientèle aux poches garnies, les voyous de la plus basse espèce, bruyants, ignorants, mal élevés, le chapeau vissé sur la tête, trouvaient chez elle un refuge, sous prétexte qu'ils étaient du quartier et qu'elle avait sauté à la corde avec leurs mères. Je parvenais à les chasser ? Elle était capable de les rattraper dans la rue pour les ramener semer la zizanie et boire à crédit dans notre club. C'est ainsi que l'un d'eux m'a poignardé.

Cela s'est passé pendant l'automne 1938, après mes enregistrements pour le Congrès. J'ai dû gifler ce type, qui m'avait injurié parce que je lui demandais de la mettre en veilleuse. Je suis retourné à mon piano et c'est pendant que je jouais que, s'étant approché sur la pointe des pieds, il s'est glissé derrière mon dos et m'a porté deux coups de lame dont chacun aurait dû être mortel. Je saignais comme un bœuf, mais j'ai quand même réussi à lui voler dans les plumes. Nous avons roulé sur le parquet. Mabel, qui était venue me rejoindre après que j'avais commencé à lui écrire, lui a brisé un gros cendrier sur le crâne. J'en ai profité pour mettre la main sur un bout de tuyau de plomb qui traînait à ma portée, et j'aurais achevé le travail sans l'intervention de Cordelia. Et sans la protection que le diable accordait à mon assassin. La patrouille a débarqué. Le jeune gars s'en est tiré avec un mois de taule – trente jours, pas un de plus. Pendant ce temps, à l'hôpital, ils faisaient tout ce qui était en leur pouvoir pour que je crève entre leurs pattes.

La blessure que j'avais à la poitrine, ils n'ont rien trouvé de mieux que d'y coller une poche de glace, sans s'émouvoir du fait que ma civière était garée en plein sous un ventilateur électrique, tournant à plein régime. Je ne m'en suis pas remis. Je ne m'en remettrai jamais. Depuis cette nuit funeste, je compte les minutes où j'arrive à respirer librement. Le plus souvent, je sens comme un coussin d'ouate qu'une main presse sur mes poumons. Et puis mon cœur bat de travers. On dirait parfois qu'il hésite à poursuivre sa tâche. Qu'il se pose la question. Qu'il repart à contrecœur, en traînant la jambe. Quand je me lance dans une besogne, dans un morceau de piano, pour ne rien dire d'une chanson, je ne suis jamais certain d'aller jusqu'au bout. Comment me sentirais-je à mon aise quand je dirige une séance d'enregistrement ? Ce qui m'est tombé dessus est exactement ce que je pouvais imaginer de pire quand j'envisageais mon avenir en tant que créateur de musique. Et c'est bien la raison pour laquelle on ne me convaincra pas que ces événements tragiques ont été le fruit du hasard. Il est possible que le voyou du Jungle Inn, contrairement à l'Antillais de Harlem, n'ait pas eu conscience d'être le jouet de forces supérieures, de menées ténébreuses : il n'en reste pas moins qu'il a comme par hasard, et pour une raison somme toute futile, servi leurs intérêts. Je dis que la main de ce garçon était guidée. Je dis qu'à son insu il accomplissait une prophétie, ou plutôt exécutait un maléfice.

Je suis retourné au Jungle Inn, dès que j'ai pu tenir sur mes jambes. Mabel m'a fait comprendre ce qui me pendait au nez. Cordelia refusait farouchement d'interdire sa porte à mon agresseur – le fils d'une ancienne camarade d'école, il va de soi. Noël approchait. Ma femme me fit comprendre que, la nuit du réveillon, la boisson aidant, le voyou et ses amis auraient sûrement l'idée de me régler mon compte une bonne fois. Leurs regards en disaient long là-dessus. La veille du jour dit, j'ai cédé. Comme si nous étions, nous, les criminels, nous avons entassé nos affaires dans ma voiture et nous avons quitté la ville en douce, sans informer qui que ce fût de notre décision. Si nous n'avions pas laissé à New York un appartement, mon autre auto et le reste de nos possessions, nous aurions mis le cap sur La Nouvelle-Orléans. Hélas, l'état désastreux de nos finances ne nous permettait pas un tel sacrifice. Nous avons donc pris la route du Nord. Ce fut une équipée abominable. La répétition, en quelque sorte, de ce qui m'attendait deux ans plus tard.

L'hiver avait regroupé ses forces pour les lancer contre la route qui conduit de Philadelphie à New York. Après Baltimore, déjà, le vent qui soufflait en rafales, au point de déporter notre véhicule, s'était mué en blizzard, verglaçant la chaussée plus vite que nous n'étions capables d'avancer sans quitter la route, pirouetter d'un bord à l'autre ou nous retrouver sur le toit. À travers les vitres, cette espèce de tempête nous hurlait aux oreilles. Nous avons dû franchir certains ponts au pas de l'homme, tant ils étaient glissants. Et quand nous sommes arrivés en vue des gratte-ciel de Manhattan, une neige duveteuse et brillante s'est mise à tomber en tourbillons, nous empêchant en quelques minutes de distinguer la gauche de la droite et l'avant de derrière. C'est miracle si nous n'avons pas fini notre course d'escargot dans le fleuve, encastrés dans une entrée d'immeuble ou enroulés autour d'un réverbère. Il n'y a pas besoin d'être l'initié d'une quelconque secte pour interpréter des signes à ce point éloquents : cette ville qui ne nous avait jamais aimés nous disait clairement qu'elle ne nous avait pas oubliés et que nous n'étions toujours pas les bienvenus entre ses murs. À la fin de l'été, après neuf mois bizarres au cours desquels ma bonne étoile et ma mauvaise fortune se livrèrent un combat incertain, la démarche de ce Panassié pour que Victor me sollicitât de nouveau nous fit croire que nous étions enfin acceptés, ou du moins tolérés. La suite des événements, hélas, devait nous démontrer qu'une hirondelle ne fait pas le printemps et que nous avions confondu nos désirs avec des promesses.

Jusqu'à cette séance avec Nicholas et Bechet – cette séance qui allait rappeler au monde la grandeur éternelle de la musique créole, et ce que celle-ci devait au style et aux innovations de Jelly Roll Morton –, jusque-là, j'avais connu une situation que je ne saurais même pas qualifier. Tout ce que je puis dire, c'est qu'elle me rendait dingue. Je me tordais les mains. On me faisait tourner en bourrique. J'étais tenté, à certains moments, de courir sans but, de courir en rond telle une poule décapitée, en poussant des hurlements et en arrachant mes vêtements par lambeaux. J'étais tenté de me jeter la tête la première contre les murs. D'un côté, j'avais de plus en plus de jeunes admirateurs et la mode était de collectionner mes vieux disques, dont les exemplaires encore en circulation se négociaient au prix de l'or (Victor en profita pour mettre des rééditions sur le marché). De l'autre, comme si les deux domaines étaient séparés par une cloison étanche, je ne dénichais que des affaires indignes même d'un créateur qui n'aurait pas eu le vingtième de ma stature (je ne parle même pas de ma stature passée). Ou bien j'étais contraint par la modicité du cachet de me produire en solo, ce qui ne me permettait pas de promouvoir mes talents d'orchestrateur et d'arrangeur, c'est-à-dire ce que j'avais de plus rare à proposer. Ou bien la somme était juste assez élevée pour que j'engage une petite formation, mais insuffisante pour que je fasse appel à des hommes qui auraient su mettre ma musique en valeur, au lieu de la bousiller faute de pouvoir suivre une partition à la lettre. J'étais le Docteur Jazz, nul ne l'ignorait plus, mais on ne m'accordait pas les moyens de dispenser mes bienfaits. N'y avait-il pas de quoi perdre la raison ?

Après les enregistrements de septembre, en un certain sens ce fut pire. Pire, puisque, grâce à eux, tout avait changé (à ce moment-là, je n'avais plus dirigé de séance destinée à la publication depuis octobre 1930) et que, malgré eux, rien n'avait changé. Les producteurs, les promoteurs tenaient toutes les cartes en main : comme s'ils avaient mal lu leur jeu, ils se sont couchés, et c'est moi qui ai vu passer mon tour. Il ne m'est resté que ce contrat avec General – un lot de consolation qui sanctionnait ma défaite. La preuve est que cette affaire-là, elle aussi, s'est soldée par un coup d'épée dans l'eau : petit succès de *Mamie's Blues*, mais complet fiasco de mes faces « swing » avec Red Allen, Albert et Zutty. Était-ce moi qui l'avais réclamé à cor et à cri, pourtant, leur fichu swing qu'on entendait partout ? Je me suis contenté d'avoir inventé cette façon de jouer quand je traînais encore à Storyville et qu'on pouvait y croiser Buddy Bolden. Mais je n'en ai pas fait une panacée. À l'image du stomp, ce n'était pour moi qu'une approche parmi d'autres. Ils m'ont volé ce style, comme le reste, et, avec ce Fletcher Henderson, ce Benny Goodman et ce Count Basie, ils l'ont mis à toutes les sauces, jusqu'à ce que le pays en soit gavé. Seulement, l'indigestion, les gens ont attendu pour en ressentir les effets qu'un producteur m'oblige, moi, à tremper dans la combine. Après m'avoir reproché de m'enfermer dans les souvenirs de La Nouvelle-Orléans, on m'accusait de leur être infidèle. Je le répète : qui veut noyer son chien…

Là-dessus, ma vue s'est dégradée et, pour une fois, les manigances vaudoues n'y étaient pour rien. L'essentiel de mon existence, je l'avais passé à la lumière artificielle. Je m'étais crevé les yeux sur des claviers, des partitions, des tables de billards, des suites et des brelans : le moment était venu de payer la note. Mes protestations auprès des organismes et des sociétés qui avaient exploité pour leur propre compte les fruits de mon travail se heurtaient à un mur de désinvolture et d'arrogance. Je cherchais sans cesse un moyen de les traîner en justice et de leur ôter le sang des veines, même si, personnellement, je ne devais tirer aucun avantage matériel de leur ruine. Je cherchais, mais je ne trouvais rien. Rien de sûr. Rien de fiable à cent pour cent. Je ne suis pas né de la dernière pluie, Depuis longtemps, je sais qu'en ces sortes d'affaires il ne suffit pas d'avoir raison. Il ne suffit même pas d'être dans son bon droit (un cas de figure qui, déjà, est une chose différente de la justice pure et simple – je veux dire la justice naturelle, la justice de l'honnêteté, des scrupules, de la bonne foi, celle qu'on trouve dans n'importe quel catéchisme et qui n'a besoin ni de textes de lois, ni d'huissiers, ni d'avocats). Ce qu'il faut, c'est triompher au tribunal, le pire étant d'ailleurs qu'on ne vous jettera pas la pierre si vous avez triché pour cela. Les gens de justice sont affranchis des règles de la morale – pourquoi ? Pourquoi le droit se fonde-t-il sur ce passe-droit exorbitant ? Et, pendant ce temps, le simple citoyen ne parvient pas à faire admettre dans un prétoire que deux et deux font quatre, si d'aventure cette évidence semble préjudiciable à son adversaire !

Je me débattais en vain. Mabel Bertrand assistait à mes efforts et me plaignait beaucoup. J'avais besoin de cette compassion, autant que de l'air que je respirais (avec de plus en plus de difficulté, soit dit en passant). J'en avais besoin, je ne vais pas prétendre le contraire, mais, en même temps, je ne la supportais pas. Jamais un homme comme moi n'aurait dû devenir quelqu'un qui inspire la pitié. J'avais été le musicien le plus craint de son époque, le musicien qui forçait le respect de tous parce qu'il en remontrait à chacun. J'avais été, en bien des domaines, plus jalousé que n'importe qui. Haï, même, et je n'ai pas honte de dire que je préférais la haine des chiens à l'apitoiement des personnes qui m'aimaient sans réserve et sans calcul. Leur tendresse me torturait. Je me raidissais tellement contre elle que mes doigts, à la longue, perdaient de leur souplesse et de leur agilité. Je m'en étais bien rendu compte, lors de ces enregistrements pour General Records. J'aurais beau faire, tant que je n'aurais pas mis à terre l'A.S.C.A.P., la M.C.A. et les éditions Melrose, tant que je ne leur aurais pas fait rendre gorge, je resterais un pianiste diminué. C'était le mot juste : diminué. Un pianiste diminué et un compositeur diminué, du fait que mes yeux se fatiguaient trop vite – mais cela, c'était un handicap que je ne pourrais plus jamais vaincre. Porter des lunettes ? J'étais trop fier pour cela. Même dans l'intimité, je m'y refusais. Il fallait que Mabel croie que j'étais encore celui qui l'avait éblouie jadis. Il fallait que je reste, au moins pour elle, le Lord et le Tombeur. Sur qui aurais-je pu m'appuyer, autrement ? Un soir, j'ai eu comme une attaque, à cause de mon asthme. Ils m'ont gardé trois mois dans la salle commune d'un hôpital crasseux de Harlem. Lorsqu'ils m'ont relâché, le médecin chef a pris ma femme dans un coin pour lui raconter que je ne pourrais plus jouer de piano. Je lui ai dit, sans remuer un cil : « Ne t'en fais pas pour ça. C'est au piano de décider. Ces types ne savent pas de quoi ils parlent. » J'étais terrorisé.

Nous en étions là, en novembre, quand, toute tremblante d'émotion, Mabel m'a tendu cette lettre de L.A. Elle était persuadée qu'on m'espérait là-bas, qu'on me proposait un pont d'or. Elle me souriait en retenant son souffle. Moi, j'ignore pourquoi, mais je savais avant de décacheter l'enveloppe qu'une nouvelle catastrophe, pire que les précédentes, allait me tomber sur la tête. Et j'essayais bien de me raisonner, mais c'était à cette pauvre femme que j'en voulais.

De sa propre main, ma tante Eulalie Echo, qui était aussi, comme je l'ai dit, ma marraine en différentes sphères, m'annonçait qu'elle venait de mourir quelques jours plus tôt. Pour autant, le message, qui portait le cachet de la poste des États-Unis, ne provenait pas de l'au-delà. Elle l'avait rédigé des mois, sinon des années plus tôt, en prévision de l'événement. Elle voulait être certaine que je sois informée de son décès, mais aussi que, à titre de filleul, je prenne toutes les dispositions nécessaires pour écarter de mon parrain son époux les prédateurs qui ne manqueraient pas de jeter leur dévolu sur lui, connaissant son infirmité (il était aveugle) et ayant appris, ou constaté par eux-mêmes, qu'il appartenait à cette race d'hommes facilement désemparés et naïfs à l'excès, qu'un enfant de quatre ans mènerait par le bout du nez dès qu'ils sont la proie d'une émotion un peu forte. Lalee redoutait qu'avec de belles paroles, des aigrefins ne le roulent dans la farine et ne le dépouillent en toute légalité des richesses qu'elle laissait derrière elle dans le but exprès de lui assurer, en son absence, une existence aussi confortable que possible. Il s'agissait d'une grosse somme d'argent liquide et des fameux coffrets de bijoux, lesquels, bien sûr, avaient largement eu le temps de faire des petits depuis la dernière fois que je les avais vus. Elle me priait de réunir tout cela et de le mettre à l'abri des initiatives malheureuses auxquelles son veuf n'hésiterait pas à se livrer, embobiné par les profiteurs et les escrocs qui devaient déjà le guetter. Il était incapable de résister à un mauvais conseil, pour peu qu'il fût formulé d'une voix doucereuse. La première flatterie venue dissipait en lui jusqu'à l'envie d'être méfiant. Le plus éhonté des flagorneurs lui paraissait être un envoyé de Dieu, une sorte de roi mage venu déposer des trésors à ses pieds. Quel couple ! Ma tante était une sorcière et, mon oncle, un innocent…

J'ai fait aussi vite que j'ai pu : je suis quand même arrivé trop tard. Sous un prétexte quelconque, en lui faisant miroiter je ne sais quoi (lui-même était incapable de s'en souvenir et se contentait de bégayer à vide, ouvrant et refermant la bouche sans produire un son, le visage inondé de pleurs inépuisables), un type qu'il connaissait à peine, mais qui se disait sensible à son chagrin, lui avait fait signer un certain papier. À son insu, il renonçait par ce document notarié en bonne et due forme à l'ensemble de son héritage. S'ils avaient eu la patience de recueillir ses larmes dans une burette, ils ne lui auraient même pas laissé de quoi s'apitoyer sur son sort. Il était pathétique. Je me suis juré d'acheter un revolver et de me brûler la cervelle sur-le-champ si je sentais un jour que je commençais à perdre la boule, ou si je n'étais plus en mesure de repérer un faisan à trois blocs de distance. Je ne serai pas un type qu'on essaie de consoler, tout en profitant de ce qu'il a la vue brouillée pour consulter sa montre et jeter des regards nostalgiques à tous les taxis en maraude. Dans le rôle d'épaule secourable, je ne suis guère à ma place non plus. Le cas échéant, c'était un privilège que j'abandonnais volontiers à ma femme. Là, j'étais tout seul et je ne savais vraiment pas comment me comporter avec ce vieillard à demi gâteux. Un lien très fort m'attachait à la défunte, mais lui, au fond, je n'avais jamais fait que le croiser. Dans sa propre maison, il comptait à peine plus que les meubles (il ne faisait au reste guère plus de bruit) : on aurait dit qu'il en était conscient et se satisfaisait très bien de la situation. Il venait de perdre jusqu'au dernier cent de ses biens. Il ne savait plus où aller. Il ne savait pas comment il survivrait. Sa peine et son angoisse étaient immenses, et pourtant ses simagrées m'exaspéraient. Ses simagrées m'exaspéraient du fait que, aveugle ou pas, candide ou non, il était bel et bien l'unique responsable de ses malheurs. On n'a pas le droit d'être bête au-delà d'un certain point, il y a une mesure à tout ! Et puis, j'admets que j'étais fâché contre lui, dans la mesure où son insondable bêtise m'avait privé des diamants que Lalee avait réservés pour moi, afin de remplacer ceux dont j'avais dû me dessaisir depuis que je traversais une période de vaches maigres. Dieu sait pourtant qu'ils m'auraient été utiles en Californie, à la fois pour intimider d'éventuels interlocuteurs en affaires et pour monter cet orchestre auquel je m'acharnais à rêver jour et nuit, allant jusqu'à me lancer à moi-même des menaces (je n'avouerai pas lesquelles) chaque fois que j'étais tenté d'y renoncer...

Au moment où j'avais reçu cette lettre, sauver mon parrain des indélicats m'avait fourni le meilleur des prétextes pour filer à L.A. sans attendre. On m'appelait au secours. Il y avait le feu. Mabel, qui a toujours eu le cœur tendre, ne pouvait même pas songer à me retenir. Au contraire, elle s'est plu à souligner de sa propre initiative le caractère sacré de ma mission. Et, Dieu merci ! elle n'a pas proposé de m'accompagner là-bas. J'avais pourtant une excuse toute prête pour la laisser en arrière, toujours la même : assurer le suivi de mes démêlés avec l'A.S.C.A.P. et les autres. D'ailleurs, elle n'avait jamais rencontré ni Laura Hunter (le vrai nom de ma marraine) ni son mari. Et puis les voyages engendrent par nécessité des dépenses qu'il valait mieux limiter, quand on se trouvait aussi à sec que nous l'étions. Ma femme était une personne raisonnable, elle pouvait comprendre cela. Comment m'aurait-elle soupçonné, quand le deuil me frappait de plein fouet, de la manœuvrer, de tirer en coulisse les ficelles d'une intrigue dont elle aurait été la dupe ? Comment aurait-elle imaginé un seul instant que sa présence à mes côtés, pour la deuxième fois depuis notre mariage, avait fini par me peser (plus encore sans doute, hélas, que je ne me l'avouais à moi-même) ? J'avais depuis des semaines un pressant besoin de respirer. Non seulement de changer d'air, mais de prendre du champ. Pour cela, cette escapade californienne tombait à point nommé. En secret, j'en ressentais un profond soulagement, même si, pour moi, la mort de ma tante signifiait – et je n'oubliais pas une seconde cet aspect de la question – que je me retrouvais, dans la famille, le premier sur la liste de Satan. C'était comme si le prince des ténèbres avait déjà étendu un pan de sa cape doublée de braise au-dessus de ma tête. Toutefois, si je pouvais encore espérer en un quelconque salut, forcément celui-ci se trouvait sur les bords de l'océan Pacifique, là où rôdait l'esprit d'Eulalie Echo, qui, mise au pied du mur, avait autrefois lancé les puissances de l'ombre à mes trousses.

La perspective d'avoir à traverser toute l'Amérique d'une côte à l'autre ne m'a pas retenu, ni même fait hésiter un seul instant. J'étais mal fichu. Comme souvent à New York, l'hiver avait pris de l'avance et ce n'était guère mieux ailleurs, s'il fallait en croire les journaux. Sur l'itinéraire que je m'apprêtais à suivre, on annonçait de mauvaises conditions météorologiques en plaine, un temps de chien dans les collines et l'enfer en montagne. Je m'en allais, je laissais derrière moi une ville détestable, qui avait fait semblant de m'accueillir à bras ouverts, puis qui m'avait tourné le dos et, pour finir, repoussé, plusieurs fois, quand il me restait tant à lui offrir. J'aurais pu prendre la route à pied, un baluchon sur l'épaule, ç'aurait quand même été une délivrance. Mabel s'émerveillait de mon courage et de ma détermination. Bien sûr, elle ne se doutait pas qu'une partie de cette force morale me venait du désir de m'éloigner d'elle. À son corps défendant, elle était devenue, avec son soutien et sa compréhension sans faille, à la fois mon boulet et mon remords. Je ne l'aurais quittée pour aucune fortune au monde, mais je sautais sur la première occasion d'être détaché de cette femme. Au dernier moment, l'instinct lui vint de s'accrocher à moi, d'accomplir ce voyage à mes côtés. J'eus la présence d'esprit de répliquer que, si quelque chose se passait mal pour elle au cours du voyage, je me le reprocherais tellement que mon cœur lâcherait. Les mots font rarement défaut à un vrai fils du Sud quand il doit compter sur eux.

Je suis un fervent catholique, même si je n'en suis pas un bon, même si mon destin n'est pas de siéger dans les cieux à la droite du Seigneur. Cette ferveur explique que je n'aie pas épousé Mabel Bertrand à l'église, mais seulement dans le salon du juge McGuire, à Gary, dans l'Indiana, il y a exactement douze années de cela (en novembre 1928). J'avais précipité cette union, pourtant je n'étais guère persuadé qu'elle serait viable. En n'y mêlant pas les sacrements, je me réservais en somme une porte de sortie. Les hommes qui ont vadrouillé comme moi ont appris très tôt à toujours assurer leurs arrières. Est-ce de l'égoïsme ? Et alors ? Pourquoi non ? Le mot ne me fait plus peur depuis longtemps. Je l'aurai tellement entendu au cours de mon existence ! Et, presque toujours, on me l'a jeté à la figure lorsque j'avais réussi à esquiver ou à prévenir un sale tour qu'on cherchait à me jouer – alors il ne m'impressionne plus. Avec Mabel, j'avais pris les devants. Elle me rappelait souvent qu'une des premières confidences que je lui avais faites, une fois que nous avions été intimes, avait été : « Sache que l'être que j'aime le plus au monde se prénomme Ferdinand, mais tu peux me dire Ferd. » Cela fait au moins une créature de Dieu que j'aurai respectée avec scrupule… Bref, je ne renoncerai à ma religion sous aucun prétexte. C'est la raison pour laquelle, avant de prendre le large, j'ai fait venir le prêtre de la paroisse avec son goupillon.

Je ne le lui ai pas dit, bien sûr, mais je tenais à recevoir la bénédiction divine avant de pénétrer dans le cercle des sortilèges, ce qui ne manquerait pas d'arriver aussitôt que j'aurais approché l'esprit de ma tante. Et puis je devais, dans mon état et par un hiver aussi rude que précoce, venir à bout de tous ces miles à parcourir et de toutes les embûches dont ils étaient semés : ma médaille de saint Christophe, qui avait déjà beaucoup servi (en particulier la nuit du blizzard et de la tempête de neige, entre Washington et New York), n'y suffirait peut-être pas. J'aurais aimé déplacer l'évêque, afin de jouir de protections plus haut placées, mais ma notoriété n'était plus assez grande pour cela. Au moins ai-je obtenu de son subordonné (en plus d'une burette d'huile consacrée par le prélat) un service qui n'était pas celui que l'Église apporte à tout le monde : une bénédiction accordée, pour sa part, au nom de Sa Sainteté le pape de Rome.

J'ai oublié les prétextes que j'ai fournis à ma femme, de manière qu'elle ne s'étonnât pas du nombre d'affaires que j'emportais avec moi dans ce qui, en principe, n'était jamais qu'un déplacement provisoire (même si la protection de mon oncle contre les estampeurs ne pourrait pas être assurée en un jour, compte tenu des démarches à entreprendre et de la paperasse à signer auprès des notaires). C'était à un déménagement qui ne disait pas son nom que je me suis livré. À l'exception de ma moitié de lit et du piano (ce n'était pas sans regret !), j'ai à peu près tout emporté de ce qui m'appartenait Aussi ma grosse Lincoln s'est-elle vite révélée trop exiguë pour un tel bagage. Tant mieux ! Je n'avais pas besoin de chercher d'excuse pour y accrocher mon autre voiture, la Cadillac, comme j'avais eu l'intention de le faire dès que l'idée de cette expédition avait germé dans ma tête. Je savais que si la situation tournait en ma faveur et si je m'établissais là-bas, jamais je n'aurais ni le cran, ni le culot, ni le cœur de retourner prendre à New York (ou, en mettant les choses au mieux, à La Nouvelle-Orléans) ce qui était resté sous la garde de Mabel. Il va de soi que d'avoir, aussi lourdement chargé, à traîner un véhicule qui ne l'était pas moins, ne devait pas me faciliter la tâche. Jusqu'au

Kansas, la traversée des plaines ne me posa pas de problèmes particuliers – uniquement ceux que je m'étais préparé à rencontrer, et donc à surmonter : ma mauvaise vue, les effets de la suffocation, des palpitations et de la fatigue, à laquelle je résistais beaucoup moins bien que naguère. Une fois dans le Wyoming, puis dans l'Idaho et dans l'Oregon, franchir les Rocheuses, avec les descentes et les virages en épingle à cheveux, tourna vite au cauchemar. D'autant que c'est dans la montagne, bien entendu, que toutes les sortes de précipitations rivalisèrent pour me fournir un aperçu de leurs capacités. J'essuyai tour à tour des torrents de pluie, des orages de grêle, des tornades de neige, sans parler des bourrasques de vent qui m'interdisaient à elles seules de rouler droit là où, par miracle, la route qui longeait le ravin n'était pas en pente.

À Montpelier (Idaho), le garagiste qui remplissait mon réservoir m'a parlé d'une famille entière morte de froid la nuit précédente dans son auto tombée en panne de moteur. Moi-même, en Oregon, je suis resté bloqué deux nuits et un jour en pleine montagne. Ma Lincoln tournait aussi rond que dans la 5e Avenue un matin de printemps, mais je ne pouvais plus avancer, à cause des congères qui avaient envahi la route, s'élevant à hauteur de ma ceinture. De surcroît, là où on avait pu la tasser, cette neige se montrait épouvantablement glissante. Dans le Wyoming, j'avais déjà quitté la route à cause de la grêle, sans autre dommage que quelques bosses à mon parechocs et à ma carrosserie. Non loin d'un bled appelé John Day, c'est plutôt la route qui m'a quitté. Tout à coup, il était impossible de la distinguer du décor environnant. C'était, littéralement, une histoire à perdre le nord. Du blanc, du blanc dans toutes les directions, à perte de vue, telles des vagues au beau milieu d'un océan. Et le niveau de la mer ne cessait de monter… Ayant contemplé deux ou trois heures ce désastre, j'ai cru devenir fou. Par chance, un véhicule de police du coin, mieux équipé que moi pour affronter ce genre d'épreuve, est passé par là. Les flics étaient des types obligeants. Ils sont parvenus à nous tirer de là et à nous conduire à l'abri en territoire civilisé, mon équipage et moi. En revoyant des bâtiments et des enseignes au néon, il s'en est fallu de peu que j'éclate en sanglots. Je ne me serais pas retenu si j'avais été seul.

C'est cette mésaventure qui, lorsque je fus parvenu sur la côte sans encombre, m'a donné l'idée de raconter à Mabel dans ma première lettre que j'avais dû abandonner la Cadillac à Montpelier, à cause de mon petit accident et des dangers que me faisait courir ce temps de damnés. Si, comme je l'espérais, je m'attardais à L.A., j'aurais besoin d'un pécule : la vente de ma deuxième voiture me permettrait de voir venir pendant un certain temps. J'aurais préféré ne pas avoir à ajouter ce mensonge à la liste de tous ceux que cette femme avait déjà entendus de ma bouche (toujours dans l'intention de la tranquilliser ou de la protéger, cela dit – je n'ai aucune raison de me montrer plus noir que je ne suis). Si l'on excepte la vérité, il n'est pire plaie dans un couple que le mensonge. Comment l'éviter, cependant, quand c'est votre union tout entière qui, d'une certaine façon, est fondée, non pas sur l'imposture à proprement parler, mais sur le refus par chacun des époux de voir la réalité en face ?

Le remords ne m'en tenaillait pas moins. Il me tenaille toujours. Pour ne pas être tenté de faire machine arrière, j'ai annoncé la fausse nouvelle à ma femme, concernant l'auto, dans les heures qui suivirent mon arrivée en Californie, le 9 novembre. Je m'étais arrêté dans un saloon, à Yreka – le premier endroit qui m'avait semblé propre et tranquille. J'avais demandé du papier pour écrire. Je racontais dans cette lettre qu'après bien des déboires (je les détaillais sans commentaire), j'étais parvenu à bon port, grâce à la Vierge Marie. J'essayais d'ores et déjà de préparer Mabel à une éventuelle séparation. Si je ne réussissais pas à réunir la somme nécessaire pour me retirer à La Nouvelle-Orléans, une fois réglée la succession de ma tante, je ferais mon possible, lui disais-je, pour l'y envoyer, elle, dans les meilleurs délais. Ce raisonnement n'avait ni queue ni tête, mais j'étais harassé et je comptais qu'elle serait, comme toujours, d'assez bonne composition pour ne pas y regarder de trop près. Je lui demandais de penser à moi dans ses prières et je signais, comme m'adressant à une personne qui n'aurait été ni tout à fait une proche ni tout à fait une étrangère, « Ferd J. Morton ». Sur l'enveloppe, désireux d'endormir d'éventuels soupçons, j'ai noté que je rédigeais ce mot dans une église où l'on m'avait accueilli après mon équipée.

Depuis, je lui ai adressé quatre autres lettres, entre le 13 et le 30 novembre, en réponse à ses propres messages. En chacune de ces occasions, j'enfonçais le clou. Je rappelais que la priorité, pour elle, était de gagner la Louisiane. Je lui expédierais une petite somme dès qu'un au moins de mes projets dans la musique aurait pris corps, en attendant une éclaircie définitive. Pour l'heure, j'étais à court, puisque les diamants qu'Eulalie me destinait avaient été détournés du premier au dernier, à la faveur d'une mystification qui, hélas, présentait toutes les apparences de la légalité. Je souhaitais lui faire prendre patience, calmer une inquiétude qui n'était que trop justifiée. En même temps, je redoutais d'être à l'origine d'une cruelle désillusion. Mais je n'allais pas lui déclarer de but en blanc que les jours, les semaines filaient, et que je ne voyais rien venir. Je prenais la plume en soupirant. J'aurais voulu pouvoir fermer les yeux quand je lui écrivais, ne pas être témoin de ma propre trahison. « J'essaye de gagner un peu d'argent pour t'envoyer chez moi (à La Nouvelle-Orléans)...», « J'essayerai de t'envoyer à La Nouvelle-Orléans dès que j'aurai un peu d'argent... », « Je veux tout au moins t'envoyer quelque chose pour Noël... », « Aussitôt que j'aurai un peu d'argent, tu partiras... »[3]. Toutes ces phrases restent gravées dans ma mémoire. Imprimées au fer rouge. Comment vivre avec leur souvenir ? Sans elles, pourtant, sans l'espoir que Mabel finirait ses jours certes loin de moi, mais dans la meilleure de toutes les villes, profitant d'un climat plutôt agréable une grande partie de l'année, comment aurais-je pu soutenir mon propre regard dans une glace ? Comment aurais-je pu croire, aussi, que mon séjour ici-bas ne touchait pas à sa fin ?

Dans la plus récente de ces missives, je lui jurais n'avoir jamais dit à personne – comme une saloperie de moricaude était allée le lui raconter – qu'elle n'était pas ma femme. Je ne trichais pas. Mais aujourd'hui, moi-même, est-ce que je considère Mabel Bertrand comme une épouse ? En tout cas, elle n'est plus la personne du sexe opposé auprès de qui je trouve le réconfort dont j'ai un tel besoin : c'est un fait, et nous n'y pouvons rien ni l'un ni l'autre. Me l'étais-je caché jusque-là ? J'ai attendu de mettre le pied à Los Angeles, le 9 en fin d'après-midi, pour me souvenir que, lorsque nous avions rompu, Anita Gonzalez habitait cette ville. Comme je l'ai dit, c'était il y a près de vingt ans. En vingt années, ou bien beaucoup

3. *Autant d'extraits authentiques de lettres rédigées par Morton à l'intention de son épouse.*

de choses peuvent changer dans la vie d'une personne, ou bien, d'une certaine façon, tout en labourant jour après jour votre visage, mine de rien, le temps peut s'arrêter de tourner. Cela dépend des gens, je l'ai remarqué. Je fais partie de ceux qui, en l'espace de vingt ans (surtout si l'on considère cette période précise), auront vécu plusieurs existences, l'une après l'autre et parfois simultanément. J'aurai séjourné dans différentes villes, connu tour à tour différentes destinées, conçu une œuvre aussi riche que variée, dont il me reste encore à concrétiser la plupart des aspects, mes derniers disques ayant été soit des sortes de commémorations ou de récapitulations (je pense aux séances Victor et à mes solos pour General Records), soit des exceptions, des parenthèses, à l'image des douze faces « swing » publiées sous cette étiquette. Je ne les renie pas, mais je ne leur prête guère plus d'importance qu'à ce que j'ai gravé sous l'autorité de Wingy Manone en 1934. Dans un cas comme dans l'autre, je n'étais pas mon propre maître. Je jouais à la demande, tel un de ces pianistes de saloon aux doigts gourds, qui n'ont que leurs pourboires pour se payer une chambre pouilleuse et de quoi ne pas crever de faim. Le jour où j'aurai les moyens de donner corps, autrement que sur le papier à musique, à toutes les idées dont j'ai accouché depuis que j'ai dû disperser mes Hot Peppers, on s'apercevra que mes projets avaient autrement d'ambition que les calculs à courte vue des producteurs. Rien que pour cela, je dois me rétablir et tenir bon. C'est une dette que j'ai envers mon talent, une dette que j'ai contractée en recevant ce don exceptionnel. Même si j'aspire bien souvent au repos, je n'ai pas le droit de baisser les bras. Ce privilège est réservé aux fruits secs, aux faiseurs, aux copieurs et aux bousilleurs de toute farine. Avant que son œuvre se dresse tout entière – définitive et achevée – sous le regard de la population, un artiste digne de ce nom n'a pas la permission de s'allonger. S'il doit tomber prématurément, il attendra, debout, qu'on l'abatte. Voilà ce que j'ai répété chaque matin et chaque soir à Mabel Bertrand, pendant tous ces mois où nous avons attendu en vain un sourire de la fortune – le signe, venu d'en haut, que j'allais enfin pouvoir accomplir ma vocation et achever la besogne qui m'avait été confiée à ma naissance.

Bref, on pourra dire que mon existence aura été pleine : aussi riche en événements que fertile en réalisations. J'ai évolué, en tout sens du terme. Fidèle au saint livre, j'ai fait fructifier mon talent. Mes traits ne sont plus les mêmes, je suis le premier à le constater. En revanche, je me ressemble plus que jamais, pour la raison que, au fil des années, je n'ai cessé de devenir celui que j'étais destiné à être, au point de me hisser à sa hauteur et même, je pense, de le dépasser. Je ne me suis pas contenté du statut de pianiste exemplaire, de compositeur envié : à partir d'éléments disparates et dont aucun, par lui seul, ne valait très cher, j'ai créé une musique sans pareille – une musique inouïe qui, de proche en proche, a conquis toute l'Amérique et se trouve bel et bien en train d'envahir le monde ! Les choses étant ce qu'elles sont, elle ne porte pas toujours mon nom. Des miteux et des forbans s'arrangent pour qu'elle le porte le moins souvent possible. Pour qu'on accorde la préséance à des Henderson, des Ellington et même des William Christopher Handy. W. C. Handy ! « L'imposteur le plus effronté de l'histoire de la musique », comme je l'ai écrit à ce Ripley qui, sans doute de bonne foi, avait osé le présenter dans son émission de radio comme « l'inventeur du jazz et du blues », sous prétexte qu'il avait signé cette chanson sur les femmes de Saint Louis[4] (en volant, j'en suis sûr, et je ne me suis pas fait faute de le dire aussi, des bouts de mélodies qu'il avait entendues à droite et à gauche et dont leurs auteurs avaient eu l'imprudence de ne pas protéger leurs droits). Le *Baltimore Afro-American* a publié ma lettre et *Down Beat* l'a reproduite, avec tous mes titres, tels que je les avais énumérés sous ma signature, sans m'écarter, moi, de la pure et simple vérité[5]. Oui, ils peuvent bien faire des pieds et des mains pour me chasser de la table, maintenant que j'ai retiré les marrons du feu pour eux tous, cette vérité que je me suis obstiné à proclamer, même et surtout quand personne ne souhaitait l'entendre, finira bien par triompher. Simplement parce qu'elle a trop de force en elle-même, parce que mes œuvres la font toucher du doigt, et aussi parce que le Seigneur, qui m'a remis cette mission en mains propres, ne permettra pas qu'elle soit foulée aux pieds.

Je renoue le fil de mes pensées. En dépit de toutes mes déconvenues, depuis vingt ans, je prétends que j'ai richement vécu. Mais qu'en a-t-il été d'Anita Gonzalez ? C'était la question que je posais, à l'instant où son nom et son image me revenaient en tête. De talent artistique, elle n'en possédait à peu près aucun, à part celui, bien modeste, de coller des paroles passe-partout sur mes mélodies les plus originales. Elle n'avait pas reçu ce don-là en partage et ne songeait pas à s'en plaindre.

4. *Saint Louis Blues.*

5. *« Inventeur du Jazz et du Stomp. Artiste de la compagnie Victor. Le plus grand des compositeurs hot. » Believe It or Not, l'émission de Robert Ripley, avait été diffusée le 26 mars 1938, alors que Morton, contacté par Alan Lomax, reprenait du poil de la bête.*

Avec raison, selon moi, car elle possédait en revanche, à un degré rarement atteint, le talent de mener sa vie à grandes guides. Elle le réinventait chaque jour. Jamais elle n'avait appris à s'ennuyer et il était tout à fait impossible de s'ennuyer avec elle, même si cette excitation se payait d'un grand manque de sérénité. En sa compagnie, on était transporté sur la scène d'un vaudeville où se bousculaient les péripéties, les quiproquos, les coups de théâtre, les fausses sorties et les retournements de situation. Mamanita vous donnait le tournis. Je crois que c'est pour cela que je l'ai quittée. Mais, si je regarde les choses en face, il me faut admettre que cette initiative aura été la plus grosse sottise que j'aie jamais pu commettre. Je l'ai déclaré sans ambages à Alan Lomax, qui a enregistré mes propos : Anita Gonzalez aura été la seule femme que, moi le Tombeur, j'ai aimée pour de bon. Juste après notre séparation je lui ai dédié un de mes morceaux, *Mamanita*, afin de lui prouver qu'au fond, mes sentiments à son égard n'avaient pas varié d'un pouce. J'ai enregistré et air à deux reprises en solo, à Chicago et à Richmond, en avril puis en juin 1924. La deuxième fois, ils ont imprimé sur l'étiquette du disque *Mamamita*, avec un m à la fin, les imbéciles ! En juillet 1929 encore, avec mon orchestre de l'époque, une formation de douze musiciens, dont une vieille connaissance de La Nouvelle-Orléans : le clarinettiste George Baquet – les musiciens du cru, j'évitais de leur faire confiance si je pouvais me débrouiller autrement ; comme j'aimais à le répéter alors « pour ce qui est de trouver quelque chose d'intéressant, cent musiciens de New York bien en vie valent à peine un chien policier mort » – avec ces gars-là, donc, j'ai gravé deux versions d'une autre de mes compositions, baptisée *Sweet Anita Mine* (ou, en espagnol, *Anita Bonita*).

J'avais épousé Mabel un an plus tôt seulement, ce qui est bien la preuve – qui me contredirait ? – que je n'avais pas cessé d'être fidèle à mon seul et unique amour.

Pourquoi ce mariage, alors ? En toute honnêteté, je ne le sais pas au juste. J'ai toujours évité de me poser la question. Comme beaucoup d'hommes et de femmes, pour « faire une fin », je suppose, c'est-à-dire – ne soyons pas hypocrites – refermer une bonne fois le couvercle. Refermer le couvercle sur ses frasques et sur la précieuse faculté qui les a inspirées : cette jeunesse dont on regorge (parce qu'il n'y a qu'un seul moyen d'en avoir, c'est d'en avoir trop) et dont, pourtant, on se sépare un jour comme d'une peau qui va ternir, durcir, se dessécher, devenir cassante, fine et fragile, puis tomber par terre sous forme d'un morceau de mica qui se transformera en une poignée de poussière dès qu'on y portera la main. Il faut toujours que les hommes tirent des traits derrière eux, alors que personne ne leur demande rien. De leur propre initiative, ils tracent sur le sol de leur vie une frontière qui sépare le côté ensoleillé de la rue du côté sombre et ils vont se placer là où il y a le moins de lumière, s'étonnant alors d'y voir moins clair, d'avoir la peau plus grise et d'être devenus frileux tout à coup. Mais je m'égare. En ce qui me concerne, au milieu des années 20, j'avais déjà une bonne trentaine d'années et pas la moindre intention de rejoindre la pénombre, en aucun domaine. Je souhaitais seulement mettre un terme aux remords qui m'étreignaient depuis que j'avais laissé Anita s'éloigner de moi (c'était moi qui avais pris la poudre d'escampette, d'accord, mais quelle différence quant au résultat ?). Elle se tenait là où je ne pouvais plus l'atteindre et, j'avais beau lui dédier des chansons, par la force des choses, elle m'oubliait. Elle oubliait la douceur de mon souvenir

– c'était cela surtout que je ne me pardonnais pas. Je voulais… Je voulais écarter une bonne fois de mes lèvres cette coupe de nostalgie qui, contrairement au tonneau des Danaïdes, s'obstinait à rester pleine en dépit de tous les efforts consentis pour la vider. Lorsqu'elle finirait par déborder, je ne serais plus là pour recevoir les éclaboussures, mais il fallait faire vite.

Au surplus, occupé comme je l'étais, je n'allais pas me fatiguer à me dénicher une épouse, en jouant les maquignons, en organisant des défilés et en opérant tri sur sélection entre les régiments de femmes – heureusement à demi dévêtues : cela facilite la tâche – qu'on est amené à côtoyer dans les milieux du spectacle. Nous étions en 1927. Anita m'avait échappé cinq ans plus tôt. Le temps pressait. La première venue serait la bonne. À la seule condition qu'elle fût parfaite. Un type de ma stature ne pouvait pas se permettre moins, de toute façon. Surtout, je ne voulais pas d'ennuis. Aucun. Je ne consentais pas à me marier pour que ma vie devînt plus compliquée qu'elle ne l'était déjà. Il me fallait quelqu'un de simple, et qui fût une fille intelligente malgré tout. Du genre qui ne discute pas à tout bout de champ. Du genre qui me comprenne, qui m'approuve et qui, dans le cas contraire, m'obéisse quand même et ait pour moi toutes les indulgences. Mais pas question de choisir une chiffe molle pour autant. Ni une personne qu'on ne remarque plus dès qu'une autre femme entre dans la pièce. Si la vôtre ne rend pas malades de jalousie au moins les trois quarts des hommes, que ce soit par son physique ou par d'autres qualités peu communes, c'est que vous avez visé trop bas et, dès lors, n'avez obtenu que ce que vous méritiez. Seulement, ce qui n'est pas physique, chez une étrangère, risque de rester longtemps mystérieux, pour peu qu'on n'ait pas affaire à un moulin à paroles. On aura beau faire et beau dire : c'est le coup d'œil qui commande tout. Après quoi on peut affiner son jugement en utilisant d'autres critères…

La première dont mes regards ne purent se détacher fut Mabel Bertrand, une des danseuses du Plantation Club de Chicago, sensationnelle dans un numéro de claquettes qu'avaient applaudis à Buckingham Palace la reine Victoria et le roi Édouard et qui l'avait conduite jusque sur les planches des Folies Bergère de Paris et de je ne sais plus quel célèbre cabaret de Hong Kong. Mes regards ne me trompaient pas. Mon ascendance européenne m'a pourvu d'un don en la matière. Mabel Bertrand semblait parfaite au premier abord : dès qu'on l'avait un peu fréquentée, on s'apercevait qu'elle était plus que parfaite. Plus que parfaite sous tous rapports. Elle l'était pour quelqu'un d'aussi difficile et d'aussi peu impressionnable que Jelly Roll Morton, lequel avait passé sa jeunesse dans les plus illustres maisons du Quartier français, vantées jusque de l'autre côté de l'Atlantique. Un connaisseur, un expert à qui, question femmes, on ne la faisait pas, d'autant qu'il savait garder la tête froide en face de n'importe laquelle d'entre elles, et quelle que fût la couleur de sa peau. Les octavonnes, cela dit, ont toujours eu ma faveur. D'ailleurs, Anita appartient à cette catégorie et c'est aussi le cas de Mabel. Cela signifie en particulier qu'elles ont reçu dans leur enfance une meilleure éducation que la plupart des Américaines qui se targuent d'être blanches. Trop souvent, celles-ci, leurs ancêtres étant de basse extraction, ont été élevées selon les usages qui prévalent en ce pays et qui, sauf exception, ne sont pas ceux de la bonne société de Paris, la plus raffinée qui soit dans le monde, chacun s'accorde là-dessus. Tandis que, chez les Créoles, on a reçu ces bonnes manières en héritage. Parfois même, on s'est plu à les rendre plus délicates encore, sous le regard ébahi des moricauds qui se grattent le crâne, la bouche grande ouverte.

La guerre civile a bousculé beaucoup de choses dans le Sud. Nombre de changements, hélas, ne furent pas opportuns. Les Noirs n'y auront rien gagné, une fois l'ordre rétabli et les agitateurs du Nord, ces ignobles carpetbaggers, renvoyés là d'où ils venaient. Quant aux Créoles, ils y auront beaucoup perdu. Avant les hostilités, on les distinguait des nègres et on leur consentait certains privilèges auxquels ces derniers n'avaient pas accès, comme d'exercer tel ou tel métier respectable. Après la prétendue « Reconstruction » des États confédérés, les Blancs, désireux de tout s'approprier parce qu'ils avaient connu la ruine, firent semblant de ne plus faire la différence entre les uns et les autres. Ils ne voulaient plus voir autour d'eux que des « gens de couleurs », privés de tous leurs droits, que leur teint fût à peine hâlé ou plus sombre que leur charbon. Même les immigrés siciliens n'étaient plus considérés comme des citoyens à part entière, à La Nouvelle-Orléans. D'eux comme de nous, on exigeait que nous ne sortions plus de notre condition, sans égard pour notre allure, nos connaissances et nos aptitudes. Mais je me fiche bien de ces lois iniques ! Si elles m'ont fait tout le mal possible, elles ne m'ont pas crevé les yeux. Je reste capable de reconnaître un sauvage d'un homme civilisé. Il n'y a rien d'africain en moi, rien d'africain dans ma musique. Je suis un Français de Louisiane. Un gentleman, ne leur en déplaise. Cent volumes d'amendements à la Constitution n'annuleront pas ce constat d'évidence.

Mon ascendance : c'est le tout premier fait que j'ai voulu établir, lorsque je me suis attelé à cette autobiographie qui, dans mon esprit, devait ordonner un peu la masse informe, l'écheveau inextricable de mes souvenirs et, de ce fait, réveiller la mémoire des gens qui m'avaient admiré, tout en attirant l'attention de ceux qui étaient trop jeunes pour cela ou qui, pour une raison ou pour une autre, étaient passés à côté de ma musique. La rédaction de cette somme fut interrompue par l'irruption d'Alan Lomax dans mon existence. Les confidences que je m'apprêtais à faire à mes cahiers, je les lui ai livrées en vrac lors de nos entretiens à la Bibliothèque du Congrès, après quoi il est compréhensible que je n'aie plus manifesté le même enthousiasme pour la reconstitution des événements du passé : je venais de m'y consacrer des semaines durant, avec toute la sincérité et toute la passion dont j'étais capable. Sans compter qu'après cette expérience, j'étais, comme un imbécile, trop excité à l'idée du profit que je pourrais en tirer pour m'asseoir tranquillement à mon bureau, un stylo à la main. Puis il a fallu quitter Washington en catastrophe. Puis il y a eu les séances pour ce Panassié et l'attente des retombées que, toujours aussi stupide, j'en espérais. Puis ma santé, déjà bien chancelante, s'est complètement détraquée. Puis il a fallu que je me fasse une troisième fois des illusions après le petit succès de *Mamie's Blues*. Puis il y a eu la catastrophe de mes disques « swing », mon séjour à l'hôpital, le verdict de la faculté, le début d'une existence où les soucis, sont devenus le fond de l'air que vous respirez, la couleur de l'air du temps, quel que soit le temps…

Cette autobiographie, néanmoins, tout de suite avait pris bonne tournure. Comme si, non content d'être né dans la peau d'un musicien de génie, j'avais reçu de surcroît la vocation d'un grand écrivain. Dans les années 20, j'aurais composé des pièces de théâtre si quelqu'un me l'avait demandé. C'était tout naturellement que mes phrases se sculptaient avec style et s'enchaînaient de la manière la plus harmonieuse. Preuve en est que je n'ai eu aucun mal à en retenir certaines par cœur, extraites en particulier de l'introduction, le passage dont j'étais le plus fier. À juste titre, je crois, car, en moins d'une page j'allais de la création de l'univers à ma propre conception, en passant par la traversée de Christophe Colomb, en un temps où « quantité de choses créées étaient inconnues aux masses du Vieux Monde », la découverte de l'Amérique, « immense étendue de terres, de mers, de lacs, de rivières, de climats, etc. magnifiques », et son peuplement par « des personnes de toutes nationalités à la recherche d'un asile ». Et voici, mot pour mot, ce qui venait ensuite et que j'estime capital : « La France possédait un des États les plus anciens du pays et que l'on nommait la Louisiane. Au milieu du sud-ouest de cet État s'est constituée l'agglomération la plus importante de la région, la ville de La Nouvelle-Orléans. Et dans cette ville, une famille d'origine française, qui portait le nom de La Menthe, eut un fils. Ce fils reçut les noms de Ferdinand Joseph La Menthe. » Cela signifie en clair que, à part les alligators, les moustiques et les peuplades qui végétaient depuis des siècles au milieu des bayous, sans se différencier beaucoup des autres créatures qui peuplaient ces endroits insalubres, nous avions bel et bien été les premiers maîtres de cette partie du pays, à une époque où les soi-disant Américains n'avaient même pas appris leur propre nom. Cela, c'est de l'Histoire. Même la Loi ne peut pas récrire l'Histoire. Elle peut seulement l'obliger à mentir, en attendant que ce mensonge se retourne contre elle.

Les La Menthe ont précédé les États-Unis sur cette terre. Ils possédaient leurs propres esclaves et, parce qu'ils en faisaient ce que bon leur semblait, des mélanges de sangs, comme il était inévitable, ont fini par se produire. Dans un mélange, cependant, ce qui l'emporte (sauf bien sûr si vous mélangez un dé de piment rouge à une pinte de bouillon de poule), ce n'est pas ce qui s'y trouve en quantité infime. Vous ne voulez voir dans mes veines que la goutte de sang noir ? Je vous dis : « Puisque vous êtes si malin, montrez-la ! Fourrez-la-moi sous le nez. » Pendant ce temps, je vous déballerai tout ce que j'ai de français en moi, y compris peut-être à mon insu, et je vous préviens que nous allons y passer la nuit !

Mabel est de la même origine que moi, au moins en partie. Bertrand, d'ailleurs, ne ressemble pas plus à un nom américain, ou bantou, que celui de La Menthe. Je m'en souvenais encore, des années plus tard : dans ma jeunesse, le Dr Bertrand était une personne très estimée dans le quartier de la rue du Rempart, où il avait installé son cabinet de consultation. Et pas uniquement pour la qualité de ses soins. Cet homme n'était pas n'importe qui. Contre l'avis de tous, les Rouges comme les Blancs, il avait épousé une Indienne de l'Oklahoma, qu'il avait ramenée avec lui à la suite d'un voyage d'étude du côté de Shawnee, où il s'était rendu dans la perspective de se faire initier à la pharmacie des herbes, un savoir que les ancêtres de cette femme maîtrisaient depuis longtemps. Il faut croire qu'on omit de lui préciser quelle plante serait venue à bout du mal auquel lui-même succomba, alors que sa fille était encore en bas âge. La veuve, que sa famille et son peuple avaient rejetée, et qui devait se débrouiller toute seule, confia Mabel à un couvent de bonnes sœurs, jusqu'à ce qu'elle eût atteint son quinzième anniversaire.

À ce moment-là, il ne restait à notre Indienne qu'une paire d'années à vivre (car la fierté est une exigence épuisante, j'en sais quelque chose). Les nonnes avaient inculqué à la gamine des façons dont elles-mêmes n'avaient plus l'usage, mais qui continuaient à faire grand effet dans le monde. Mabel inhuma sa mère sans un sou, sans le moindre tralala, en laissant néanmoins à tous les témoins de ces funérailles le sentiment d'avoir déployé un grand apparat. Son maintien à lui seul avait provoqué cette illusion des sens. On mesure d'après cela quelle allure pouvait avoir la jeune personne.

En même temps, elle possédait un caractère bien trempé et entretenait des rêves qui n'étaient pas ceux de la première venue. Au lieu de s'apitoyer sur son sort, elle n'envisageait rien de moins hasardeux que de se rendre à New York, à l'autre bout du pays, et de devenir à la force du poignet une figure de la comédie musicale dans les théâtres de Broadway. Elle écouta les sages conseils que les gens bien intentionnés faisaient pleuvoir sur elle, approuva de la tête et, comme je l'aurais fait à sa place, se garda bien d'en retenir le moindre. Elle fit sa valise, ce qui ne lui prit pas très longtemps, enfonça dans son chignon son épingle à chapeau, se rendit à la gare sans avoir pris congé de personne et grimpa sans aide dans un wagon de troisième où tous les voyageurs étaient, au bas mot, des rustres. Elle était posée là, comme un chou à la crème sur du fumier – et que se passa-t-il ? Aucun de ces animaux à deux pattes n'osa lui adresser la parole sans avoir ôté sa casquette et mouillé ses doigts avec sa langue afin de mettre un peu d'ordre à sa chevelure. Si l'un d'eux avait fait mine de lui manquer de respect, ne fût-ce qu'avec les yeux, les autres l'auraient saisi par le paletot et flanqué par la fenêtre.

À peine débarquée à New York, elle a trouvé le moyen de se faire administrer à l'œil, ou peu s'en faut, des leçons de danse et de chant par un dénommé Arnat qui, comme par hasard, n'était pas un manche dans sa partie et savait de surcroît enseigner. C'est grâce à lui que, non contente d'être arrivée à ses fins, elle allait visiter le vaste monde l'Europe, puis le Mexique, Cuba et enfin la Chine. Elle avait alors dix-huit ans et, un peu comme moi, là encore, ne songeait qu'à son art. Preuve en est qu'il lui fallut tous ces voyages pour s'apercevoir que cet Arnat, devenu son partenaire, était fou amoureux d'elle, ou du moins le prétendait. Il la couvrait de bijoux et de falbalas. J'avais un diamant dans la denture : il lui en fit insérer trois, et tout aussi gros que le mien ! Seulement, Mabel ne voyait en lui qu'un professionnel de grande classe. Elle tomba de haut quand elle comprit que l'autre désossé estimait avoir des droits sur elle. Pour lui échapper, elle n'eut d'autre solution que de gagner à bride abattue la réserve des Shawnees, non loin d'Oklahoma City, et de se placer sous la protection du chef, lequel la cacha deux mois durant, le temps qu'Arnat laissât refroidir son fourneau. Elle fit ensuite cavalier seul sur les planches, en tant que danseuse, meneuse et même créatrice de revues, et c'est ainsi qu'un beau soir elle atterrit dans cette boîte de Chicago dont j'étais la vedette. J'ai vu au premier coup d'œil que mon visage, ma dégaine, mon costume, la déférence qui m'entourait, faisaient forte impression sur elle. C'est pourquoi je l'ai approchée. Au début, je n'avais d'autre idée en tête que de l'éblouir un peu plus encore. Rien ne m'était plus facile : je pratiquais ce sport depuis que, à dix-sept ans, j'animais l'ambiance des salons de Hilma Burt, la patronne du bordel beau comme un gâteau de mariage, planté à l'angle de la Douane et de la rue du Bassin.

J'ai étalé devant Mabel tout l'argent que je promenais dans mes poches : il y en avait pour plus de trois mille dollars, en gros billets (j'en gagnais la moitié chaque jour). Je lui ai montré le colt 45 grâce auquel je tenais les convoitises à distance. J'ai fait le paon de toutes les façons possibles. Je n'étais pas le Tombeur pour rien. Quand je l'ai jugée à point, je lui ai proposé une petite ballade dans ma Lincoln super luxe (et increvable, comme la suite l'a démontré). À ma grande surprise, elle m'a dit qu'elle me voyait venir, qu'elle connaissait les hommes et leurs générosités et préférait, en conséquence, rentrer à son hôtel par ses propres moyens. Et là, comme sur un claquement de doigts, je me suis mis à en pincer pour elle. J'étais si mordu qu'étant jaloux de tous les hommes, je suis en quelque sorte devenu jaloux de moi-même ! C'est-à-dire que j'ai essayé de la faire succomber à mes charmes en lui promettant de glisser un billet de cinquante dans son bas. Si elle avait été d'accord, je ne lui aurais plus jamais adressé la parole et je serais allé taper sur mon piano jusqu'à ce que mes ongles saignent. Une fois de plus, elle m'a envoyé aux pelotes. J'étais sur un nuage. Elle n'y comprenait plus rien. Pour finir, elle a bien voulu grimper dans mon auto. J'ai filé droit sur Gary (Indiana) et nous sommes allés nous présenter au juge McGuire. « C'était l'unique manière de régler la question, lui ai-je déclaré. Tu n'en reviens pas ? Moi, non plus ! Je n'ai jamais été marié. Je ne croyais pas que je me marierais un jour. Si tu sais ce que tu as de plus que les autres, file-moi le tuyau, il me sera précieux. »

J'ai eu tout le temps d'apprendre. J'ai compris à la longue ce qui la rendait si unique – et cela, il faut bien que je me l'avoue, même si je ne me gênais pas pour la comparer avec Anita Gonzalez (jamais à son avantage, au surplus). Ce qui la distinguait, c'était ce qu'il faut bien appeler sa dévotion à mon égard, assez vaste pour compenser en grande partie l'amour que je continuais à ne pas éprouver pour elle. De l'amour, au moins, j'en recevais plus que mon compte. Et pas seulement de l'amour, mais – c'est aussi important, sinon davantage, quand on n'est pas assez amoureux soi-même – de l'estime, de la considération, de la vénération. Pour Mabel, j'étais, sans discussion possible, le meilleur musicien du monde et sans doute, toutes catégories confondues, l'artiste le plus créatif de son temps. J'étais beau comme un astre. Et bon comme le bon pain. Urbain, galant, chevaleresque, généreux, attentionné, tout ce que vous voudrez. Un modèle de bienveillance, de tolérance et de délicatesse. Confondant d'intelligence. Au demeurant, le plus fin de tous les gourmets. Et l'arbitre des élégances, soigné à reléguer George Bryan Brummell sur une paillasse de l'Armée du Salut. La mesquinerie m'était plus étrangère que la langue des Martiens. Nous ne descendions que dans des palaces hors de prix. Dans nos deux garde-robes, on eût cherché en vain le chiffon qui m'avait coûté moins de vingt dollars – et j'en aurais lâché le triple sans sourciller. Elle s'inquiétait de l'avenir ? Je lui disais : « Laisse l'avenir se préoccuper de son sort : depuis le temps, il a l'habitude ! Intéressons-nous plutôt à nous-mêmes, car personne ne va le faire à notre place. » Elle me répétait que, en plus d'être un génie, j'étais l'homme le plus doux qu'elle ait jamais rencontré. Je dois à mes tendresses le fait qu'elle ne m'ait jamais reproché mon peu d'appétit sexuel. (Tout le monde l'ignorait, mais je m'étais toujours plus intéressé au billard qu'aux filles.) Je crois que, dans son for intérieur, elle se félicitait surtout qu'en raison de cette sagesse, je n'aie jamais été tenté d'aller courir à droite et à gauche. Si le vrai bonheur, celui qui n'est pas qu'un feu de paille, consiste à ne pas être malheureux, je crois que j'ai rendu Mabel Bertrand aussi heureuse que n'importe quelle autre femme sur le territoire des États-Unis d'Amérique.

Quand les mauvais jours sont venus, elle est restée exemplaire et pas un seul instant n'a perdu cette confiance en moi qui, j'en suis certain, ne l'a toujours pas abandonnée aujourd'hui. Ma fuite à Washington en 1935, mon silence de deux années, rien de tout cela n'a ébranlé sa foi. Pourtant, il ne s'agit ni d'une idiote, ni d'une innocente. Une telle fidélité me bouleverse. Hélas, c'est aussi une chose qui me plonge dans l'embarras, après avoir été – j'ai honte de le dire – une source d'ennui pour moi. J'entends par là que les heures se font longues, auprès d'une femme qui ne vous fait jamais grief de rien et souffre sans se plaindre de ses propres misères. À la fin, je ne supportais plus cette éternelle compréhension et, surtout, ce refus de se cabrer devant une adversité si tenace que, parfois, l'envie me prenait de hurler en me griffant le visage. Elle aurait fini par me pousser à la résignation, simplement parce qu'elle croyait en ce à quoi j'avais le plus besoin de croire : un dénouement à la mesure de mes espérances. Je ne dois plus jamais la revoir. Seulement voilà, chaque fois que cette nécessité vitale se rappelle à moi, la nausée me monte aux lèvres.

Un jour, pour rompre la monotonie de nos tête-à-tête, je lui ai offert, en sachant très bien ce que je faisais, un cadeau qui n'était plus de son âge : une paire de culbutos. Par chance, elle n'en avait jamais vu. Le contraire, de toute façon, n'y aurait rien changé. Comme je m'y attendais, ce jouet sans mystère l'a fasciné – il n'y a pas d'autre mot – et, cela, des semaines durant. Elle y revenait toujours. Son regard s'illuminait lorsqu'il se posait sur ces figurines et il ne parvenait plus à s'en détacher. Comme aimanté, son index se dirigeait vers elles pour les manœuvrer. Et moi, je souriais dans ma barbe, parce que je connaissais, mieux qu'elle, le secret de cette fascination : c'était un reflet d'elle-même qu'elle contemplait en ces personnages incapables de perdre l'équilibre. Tout ce qui penche, Mabel Bertrand le redresse. Tout ce qui tombe, elle le relève. Tout ce qui échappe, elle le rattrape. Avec elle, on reste, quoi qu'il arrive, à l'abri des orages, et si la foudre vous frappe, vous rouvrez les yeux et la première chose que vous apercevez est son doux sourire, le même que la veille, quand tout allait bien, et le même que le lendemain, quand les choses se seront encore un peu gâtées. Vous gardez votre assiette dans les coups de tabac ; vous gardez la mesure pendant qu'autour de vous l'absurdité de ce monde se déchaîne. Votre vie, votre destinée vont de travers ? Mabel Bertrand tient fermement la barre et maintient le cap, comme sur mer d'huile. Elle bercerait les plus grosses tempêtes. Elle verse le lait et le miel sur vos grincements de dents. En sa compagnie, c'est à se demander si l'on parviendra à mourir un jour. Ou si, par hasard, on ne serait pas déjà mort. Ou s'il est tout bonnement supportable de vivre ainsi.

Vous ne redoutiez rien, Mabel vous rassurait quand même, il n'y avait pas moyen de l'en empêcher. Anita, ç'avait été tout le contraire. D'un ciel sans nuages, elle tirait les éclairs, le tonnerre et la grêle. Cette femme ne se sentait à l'aise que dans les tourbillons. La passion, l'excès, le coup de tête, l'incendie spontané formaient son quotidien. Que vous dansiez sur n'importe quel pied, vous pouviez être sûr que, au bout du compte, ce n'était pas le bon. Il fallait que les injures, les reproches, la vaisselle volent en tout sens. Elle-même se déplaçait à la vitesse de l'éclair, animée par une bougeotte que je n'ai rencontrée à ce degré chez aucune autre créature, même pas des gens de cirque, et qui m'a conduit à sa suite aux quatre coins du pays : en Arizona, à San Francisco, à Seattle et, Dieu me pardonne, jusqu'en Alaska. Partout où elle posait son sac, elle ouvrait un hôtel, fondait une pension ou gérait un meublé, mais elle était la première à en déménager à la cloche de bois, estimant toujours que l'herbe serait plus verte ailleurs. Une femme si impulsive, si changeante, si insatisfaite, je ne pouvais être certain qu'elle me restait fidèle et cette idée me rongeait les sangs. De son côté, depuis le début, elle s'était persuadée sans la moindre preuve (et d'ailleurs sans la moindre raison) que je lui faisais porter des cornes. C'était, selon elle, un fait établi et elle s'indignait de mes dénégations, bien plus que de mes prétendues fautes. Les unes et les autres avaient pour résultat qu'elle me volait dans les plumes. Nous n'arrêtions pas de nous chamailler, quand elle ne saisissait pas le plat du rôti pour me le briser sur le crâne. Pourtant cette vie de fou était une chose merveilleuse. Comme je l'ai dit à Lomax, j'avais à cette époque tout ce que je pouvais désirer, à part un yacht et une vache. Cette fois-là encore, il s'est tenu les côtes, mais cette expression ne m'était pas tombée du ciel. « Qu'auriez-vous fait d'une vache, Ferdinand ? » m'a-t-il demandé en s'essuyant les yeux, encore secoué par le rire. Je lui ai répondu du tac au tac : « Qu'est-ce que la véritable richesse, Alan, sinon la possession d'au moins une chose qui vaut cher et dont on n'a pas du tout besoin ? » Je l'ai laissé méditer là-dessus. Pour ce qui est du yacht, s'il m'avait posé la question, je lui aurais dit la vérité : je m'étais renseigné sur le prix, mais ce n'était pas dans mes moyens – ou du moins, croyais-je à ce moment-là, ce ne l'était pas encore.

Il était impossible, en tout cas pour moi, de s'entendre plus de trois minutes d'affilée avec Mamanita. C'était, à ma connaissance, la Créole la plus éruptive de la planète ! Elle était impossible et je l'aimais. J'ai beaucoup réfléchi à la question et je peux tranquillement déclarer que je l'aimais en dépit et à cause de cela, même si un tel argument n'est pas clair à mes propres yeux. Il démontre cependant que le type qui a défini l'amour comme la situation où l'on ne peut vivre ni avec une certaine personne, ni sans elle, ce type-là ne parlait pas à travers son chapeau. Anita Gonzalez m'en a fait voir, alors même qu'avec tout mon fric et la réputation que je m'étais bâtie dans le milieu artistique, j'aurais pu me la couler douce. Je n'avais pas encore enregistré quoi que ce fût, mais on me réclamait à cor et à cri et mes conditions étaient celles de tous les patrons de théâtres et de cabarets, trop heureux d'inscrire mon nom sur leurs affiches. Moi aussi, je voyageais. Moins qu'à une certaine période, mais tout de même. Là où je m'installais, je menais de front différentes affaires, sans parler des parties de cartes et de mes exploits au billard. C'est bien simple, si j'étais allé me baigner avec tout l'argent que je ramassais en une semaine, même en défalquant celui que je dépensais sans compter, j'aurais coulé à pic.

J'avais repéré Mamanita lors d'un de mes passages à La Nouvelle-Orléans. Nous avions un peu vécu ensemble, puis je l'avais perdue de vue. Je l'ai retrouvée à Hollywood quelques années plus tard, avant l'entrée en guerre des États-Unis. Elle avait fait fortune, ou quasiment, d'une manière incompréhensible, ayant eu la lubie de tenir un bar dans un trou perdu au fond du Nevada, qui s'appelait Las Vegas. Elle avait accouru à L.A. spécialement pour me voir, avertie de ma présence par sa mère qui habitait cette ville. Sans sourciller, elle avait pris sur-le-champ la décision de liquider son établissement et d'acheter un petit hôtel sur Central Avenue. Elle le baptisa L'Anita. De mon côté, avec un associé, j'ouvrais le Wayside Park, une boîte dans le quartier de Watts, où les gens pouvaient danser jusqu'à l'aube sans risquer de voir rappliquer les flics. J'y ai fait venir de vieux copains de Storyville, comme le cornettiste Buddy Petit, l'un des meilleurs après Keppard, et le tromboniste Frankie Dusen, qui avait joué avec Bolden et, un beau soir, l'avait même foutu à la porte de son propre orchestre. Ils attirèrent tellement de monde que, quelque temps plus tard, je faisais l'acquisition d'une maison de jeu, située par coïncidence tout à côté de l'Anita. J'aurais fini comme cela par me payer la moitié de la ville, quand, tout à trac, Mamanita m'annonça qu'elle venait d'acheter un restaurant en Arizona. J'ai tout plaqué à mon tour. Le restaurant a fait faillite. Elle investit aussitôt le fric qui lui restait dans une sombre combine de mine d'or que lui avait proposée un aigrefin et en un tournemain, y laissa son dernier cent. Nous n'avions jamais été aussi heureux. Ensemble, nous mîmes le cap sur San Francisco, où nous devînmes propriétaires d'un dancing – jusqu'à ce que je reçoive de Seattle un télégramme qui m'informait que, si je ne l'y rejoignais pas séance tenante, elle se rendrait en Alaska toute seule.

Nous étions sans cesse au bord de la rupture, et nous sommes restés accrochés l'un à l'autre, si je compte bien, une demi-douzaine d'années, peut-être davantage. Il n'y avait aucune raison que cela ne continue pas de la sorte jusqu'à la fin des temps, et pourtant, sans crier gare, le manège s'est immobilisé et nous a envoyés valdinguer chacun de notre côté. Tout le monde me volait mes idées, quand ce n'était pas des mélodies entières et, flottant sur mon petit nuage, je m'en souciais comme d'une guigne. Qu'ils grattent donc mes miettes entre les lames du parquet, avec leurs ongles malpropres ! Ce n'était pas moi qui me vautrais à leurs pieds. Je me trouvais même en position de leur botter le cul tout à loisir – misérables resquilleurs ! Du coup, ils s'imaginèrent qu'ils pouvaient pousser le bouchon de plus en plus loin et me faire les poches en plein jour, sous le regard de tous, sans que je lève un sourcil. Là, ils se fourraient le doigt dans l'œil. Le fauve bâille sous le bananier, jusqu'au moment où il vous charge. En 1922, ayant appris – preuve qu'ils se tenaient aux aguets – que l'éditeur Melrose m'avait offert un gros paquet pour publier mon *Wolverine Blues*, les frères Spikes, qui n'auraient pas été capables d'en concevoir la première mesure, un pistolet sur la tempe et une bombe à retardement sous les fesses, s'empressèrent de gribouiller des paroles sur la mélodie et déposèrent le tout au copyright, ayant ajouté à regret mon nom aux deux leurs, pour le cas où quelqu'un se souviendrait que j'avais composé cette pièce, devenue célèbre, au milieu des années 10, et que leur entourloupe sentirait le roussi. Il a bien fallu que j'aille trouver Melrose à Chicago, afin que le morceau paraisse sous ma signature. Anita était aussi indignée que moi ; elle me pressa de sauter dans un train.

« Depuis lors, ai-je conclu en racontant cette histoire au bibliothécaire du Congrès, je n'ai revu ni Los Angeles ni Mamanita. » Puis, pour montrer que je n'en dirais pas davantage sur le sujet, je me suis lancé dans un morceau enlevé, quelque chose qui signifiait la gaieté et la désinvolture. Je ne souhaitais pas m'étendre. Cela m'aurait été trop pénible, cela m'aurait trop fait souffrir, si j'avais dû expliquer à un tiers le pourquoi du comment, alors que je m'étais bien gardé de me lancer dans une telle opération à mon propre usage. Mr Lomax ne m'eût-il pas encouragé à ouvrir la boîte aux souvenirs, il est très probable que je me serais contenté de mettre cet épisode de ma vie, comme bien d'autres, sur le compte du hasard, du destin, des sorts que vous jette la vie, à défaut des diables, des envoûteurs et des esprits des morts. Quelle fut au juste cette force mystérieuse qui m'empêcha de reprendre le chemin de Los Angeles ? J'avais dit en partant : « Je m'en vais à mon corps défendant : je préférerais crever au fond d'un arbre creux, plutôt que de vivre sans toi. » Je n'en avais jamais tant dit. Peut-être en avais-je trop dit. S'il ne m'était jamais arrivé de prononcer ce genre de phrase, il y avait bien une raison. Ne forcez pas votre nature, à moins d'être prêt à payer le prix du désordre que vous avez provoqué. Ma tante m'avait inculqué ce principe autrefois : pourquoi, ce jour-là, n'en ai-je pas tenu compte ? J'ai tenté le Démon. On ne gagne jamais à ce jeu-là.

Ces mots sont sortis de ma bouche, j'ai filé à la gare. J'ai tenté, durant tout le trajet, de ne penser qu'aux gens de chez Melrose et aux Spikes. Je cherchais à me persuader qu'ils étaient la cause de tout. Mais la cause de quoi ? Avais-je donc, dès ce moment-là, le pressentiment que je m'attarderais à Chicago, comme nombre de musiciens de La Nouvelle-Orléans l'avaient fait depuis la fermeture de Storyville en novembre 1917 et continuaient de le faire (Keppard avait montré le chemin, Joe Oliver suivrait, ainsi que les frères Dodds, Jimmie Noone, mon cher Omer Simeon, Louie Armstrong, Zutty

Singleton, Kid Ory – la liste n'en finirait plus) ? Sans en avoir conscience, étais-je déjà informé du fait que je n'allais pas refaire en sens inverse le chemin qui, de seconde en seconde, m'éloignait un peu plus d'Anita ? Une chose est certaine : je me dissimulais toute une part de la vérité, à propos de ce voyage, et je le savais. Je faisais semblant de déchiffrer l'inconnu, d'interroger l'avenir, alors que la fin de l'histoire était déjà écrite. Et, toujours sans me rendre compte de ce qui se passait, je l'ai lue, noir sur blanc, la fin de l'histoire, quand je suis arrivé devant le magasin de musique des Melrose (des frères, ceux-là aussi), où je m'étais fait conduire dès ma descente du train. Je l'ai lue sur une immense pancarte qu'ils avaient accrochée dans leur vitrine : « Le *Wolverine Blues* est en vente dans cette maison. » Je portais mon Stetson blanc, mon complet blanc, et j'avais enroulé une vaste écharpe rouge autour de mon cou parce que, m'avait-on dit, il arrivait souvent dans cette ville que des vents insidieux soufflent du lac et, à proprement parler, vous sautent à la gorge. Découvrir cet écriteau, ce fut comme si l'on avait branché mon système nerveux sur une prise électrique. J'ai posé mon bagage sur le trottoir, afin d'être libre de mes mouvements. Je suis entré dans le magasin à la façon d'un ouragan. Et j'ai hurlé, je m'en souviens : « Écoutez tous, écoutez un peu ! Vous avez devant vous Jelly Roll Morton, l'homme qui a inventé le jazz à La Nouvelle-Orléans ! » Et, pour appuyer cette infirmation, écartant tout ce qui se trouvait sur mon chemin, je me suis précipité sur le piano destiné à donner aux clients un aperçu de ce que contenaient les partitions. « Alors, ai-je demandé à la fin de ma démonstration, est-ce que je vous ai servi des bobards ? » Quelqu'un m'a répondu, en secouant la tête comme un boxeur sonné : « Pour sûr, Mr Morton, vous êtes resté bien en dessous de la vérité ! » Voilà. Je venais à peine de débarquer : j'étais à Chicago comme un poisson dans l'eau.

Deux ou trois mois plus tard, pris de remords (j'imagine), j'écrivis à Anita, sans entrer dans les détails, que j'avais mis de côté mille dollars et que, une fois doublée cette somme, je l'arrangerais pour la faire venir dans la cité des Vents. Peu après, je lui annonçais que j'étais tombé malade ; je ne sais même plus si c'était vrai. Toujours est-il qu'après cela, je ne lui ai plus donné aucune nouvelle, pas plus que je n'ai reçu d'elle le plus petit message. C'est ainsi que les choses se sont réellement passées. Je n'en suis pas fier, et pourtant je ne crois pas que j'aie quoi que ce soit à me reprocher. D'abord, je le répète, il arrive ce qui doit arriver : votre destin est plus fort que vous. Ensuite, il faut en convenir, il y a des faiblesses auxquelles on résiste encore plus mal, dans la mesure où elles nous sauvent de nous-mêmes quand nous nous mettons en danger. On passe pour lâche aux yeux d'autrui mais, l'action peu reluisante qu'on a commise, ce n'était jamais, parfois, qu'une manière de se défendre.

Je ne cherche aucune excuse, ceci posé. Je pourrais aussi bien prétendre que, si je ne suis pas retourné auprès de Mamanita, ce fut surtout par paresse. Qu'est-ce que cela signifie ? Aujourd'hui, enfin de retour à L.A., je considère ce temps perdu, ces occasions manquées et je me dis que l'amour exige un peu d'effort et d'application. « Un peu », c'est façon de parler. L'amour implique que tout ne se déroule pas selon vos souhaits. Cela crée un souci qui peut donner le vertige. On baisse les bras devant l'amour fou, simplement parce qu'il est fou, qu'on ne l'est pas assez soi-même et que la folie, dans ces conditions, apporte du tracas. Remuant ces idées dans ma tête, une image me vient à l'esprit. On prend des vacances à Miami, plus ou moins forcées, tels ces gangsters traqués par les Incorruptibles, ou devenus la cible d'une vendetta. Il n'y a rien à faire là-bas. Il n'y a rien à faire du tout, sauf à constater chaque matin qu'il fait aussi beau que la veille. On s'ennuie à mourir, mais on ne trouve pas en soi la volonté de remonter dans le Nord, même si les choses, là-haut, ont fini par se tasser. Simplement à cause de la pluie et du vent. Tout à coup, on ne se sent plus la force d'affronter la grisaille, c'est aussi bête que ça. On a peur de se lever dans une pièce toute noire. On a peur de cette ombre, où son ombre à soi est comme diluée. Cela n'a aucun sens, mais c'est maintenant le sens de votre vie. Voilà comment l'amour devient trop difficile pour vous, dans une ville où chacun vous adore. Voilà comment vous lui tournez le dos.

Mais l'amour n'est pas mort pour autant. Et si vous avez de la chance, vous le découvrirez un jour. J'ai constaté qu'avec les bijoux d'Eulalie s'étaient envolés les rêves qui m'avaient soutenu pendant que je grelottais sous la neige, dans les montagnes de l'Oregon. J'ai laissé les services municipaux conduire mon oncle à l'asile des indigents, et je me suis souvenu que j'avais abandonné Anita Gonzalez ici même, près de vingt ans plus tôt. Il était impossible qu'une femme comme elle soit restée à la même place tout ce temps. Si elle était en vie, elle devait habiter les îles Hawaii, ou le Mexique. Malgré tout, je me suis arrêté dans un bureau de poste pour consulter l'annuaire de la ville.

Il y avait deux Anita Gonzalez et deux A. Gonzalez. L'adresse de la première Anita était celle d'un camp de touristes, avec cette mention entre parenthèses : poulet frit. J'ignore pourquoi, c'est là que je me suis rendu d'abord, sans prendre la peine de téléphoner. Et c'est là que j'ai retrouvé l'amour de ma vie.

Mamanita se tenait sous le porche en bois du bâtiment où elle recevait sa clientèle et préparait son fameux poulet, recommandé, je l'apprendrais bientôt, par un guide touristique qui jouissait lui-même d'un certain renom. Avant que mes yeux usés soient en mesure de comparer la silhouette que je distinguais en haut des marches au modèle resté dans ma mémoire, je l'avais reconnue. Elle aurait pris cent livres, elle se serait décoloré les cheveux, elle aurait eu une jambe de bois, je l'aurais reconnue malgré tout. Mais je pus constater, en m'approchant, qu'elle avait beaucoup moins changé que moi qui, pourtant, me rencontrais chaque matin dans le miroir. De son côté, hésita-t-elle à m'identifier ? Pas une seconde et du coup, c'est étrange, nous n'éprouvâmes même pas le besoin de pousser des exclamations, ni de nous tomber dans les bras l'un de l'autre. Elle ne m'avait pas attendu, je ne m'étais pas langui d'elle : tout, cependant, rentrait dans l'ordre. Nos retrouvailles se déroulaient exactement comme si je venais de faire le tour du pâté de maison pour acheter le journal ou expédier une réclamation aux frères Melrose. « Entre donc, Ferdinand… », m'a-t-elle dit lorsque je fus à portée de voix, étant descendu de voiture. Et moi, j'ai essuyé mes semelles sur le paillasson, non parce que j'étais en visite, mais parce que j'avais toujours accompli ce geste au temps béni où nous vivions ensemble. Je l'ai suivie à l'intérieur d'une petite pièce assez coquette, ornée de fleurs à longue tige et coupée en deux par un comptoir. Je pensais que c'était encore une belle journée, bien qu'on fût au milieu de l'automne. Je pensais qu'au bout du compte la chance de Mabel Bertrand avait tourné, et qu'elle n'avait pas mérité ça.

Avec ses touristes et son poulet, Anita gagne plus d'argent qu'elle n'en dépensera jamais. Et pourtant, elle fait tout ce qu'elle peut ! Je crois bien que ma marraine dans toute sa splendeur ne possédait pas plus de bijoux qu'elle – et la plupart, chez elle aussi, sont couverts de diamants. Leur reflet me réchauffe le cœur et le fond des os. Je ne suis pas jaloux de cette réussite, aussi insolente soit-elle, comparée à mon dénuement. J'ai l'impression d'être revenu loin en arrière, quand le Lord, même s'il n'était pas encore en mesure de se payer un yacht, ne savait déjà plus où fourrer ses talbins… Nous avions été, moi et une poignée d'autres, le sel de la terre, et la vie, avec équité, nous avait payés largement de l'avoir rendue plus belle aux yeux du reste de l'humanité. Ce bénéfice m'avait été retiré, je n'ai pas besoin de dire par qui, ni comment, ni pourquoi. Mais la braise couvait et couve toujours sous la cendre. Ces mille feux peuvent être ranimés du jour au lendemain. J'aime ressentir la chaleur de cette flamme. Je ne suis pas du genre à m'en exclure moi-même. De Mamanita surtout, je ne crains pas de recevoir l'étincelle. L'étincelle ne peut venir que des personnes auxquelles cette mission a été confiée. Ce n'est pas comme si quelqu'un vous faisait la charité : c'est une prédiction qui s'accomplit. Cette femme dit que nous allons d'abord prendre soin de ma santé. Me remettre sur pied. Effacer les stigmates de ma périlleuse équipée d'un bord à l'autre de l'Amérique. Ensuite, je bénéficierai sans réserve de son aide pour former un orchestre de Louisianais, tous excellents lecteurs, interprètes chevronnés, solistes pertinents, amoureux de ma musique, et pour répandre dans les journaux, dans les maisons de disques, dans le circuit des dancings et des cabarets, le bruit de mon retour en Californie, l'État où j'avais autrefois lancé le Wayside Park, d'illustre mémoire.

Les filles, où que ce fût, ont toujours admis que j'en jetais – d'où mes surnoms. Celle-ci, néanmoins, a été la première à me dire, des années avant Mabel : « Je suis du Sud, autant qu'on peut l'être, mais, avant toi, je n'avais jamais connu d'authentique gentleman. » Pareil jugement vous confère des obligations envers la personne qui l'a prononcé, si vous ne voulez pas qu'elle revienne sur ses paroles. Telle est la principale raison pour laquelle je me suis interdit d'articuler le nom de Mabel Bertrand devant elle. C'est elle qui, un soir, m'a demandé si ma femme étant morte (sans savoir d'ailleurs comment elle s'appelait). J'ignore comment – et je ne vais certainement pas lui poser la question – Mamanita est informée de mon mariage, et depuis fort longtemps. J'ai tout de même tenu à lui préciser ce point : je ne suis marié que devant les hommes. Pour un catholique aussi convaincu que moi, une union qu'un prêtre n'a pas consacrée n'est au mieux qu'un simulacre. J'ai vécu douze ans dans le péché, ce qui est déjà un assez lourd bagage à traîner, mais je suis d'après la religion un homme libre de toute obligation conjugale. J'ajoute que, de toute façon, les hommes, leurs usages et leurs lois m'ont beaucoup trop déçu pour que je me soucie le moindrement de leur être loyal.

En m'écoutant, Anita Gonzales m'a paru, je ne dirai pas sceptique, mais quelque peu goguenarde, comme si elle me pardonnait tous mes écarts, mais me pensait incapable de les éviter. Beaucoup d'attendrissement, toutefois, tempérait l'ironie avec laquelle, tout comme autrefois, elle accueillait mes dénégations. Je n'en craignais pas moins de réveiller ses vieilles fureurs et, jusqu'ici, pas une seule fois je n'ai pris l'initiative d'évoquer Mabel. Je descends en ville sous un prétexte quelconque lorsque je souhaite écrire un mot à cette dernière. Je m'installe dans un endroit tranquille, par exemple un banc dans un square où ne circulent que les volées de feuilles mortes emportées par le vent. Ma correspondante sait qu'elle doit m'adresser sa réponse poste restante (avec elle, il n'était même pas utile de chercher une bonne excuse pour justifier cette mesure). Je brûle ses lettres après en avoir pris connaissance, ou bien j'en fais de la charpie avant de lancer ce qu'il en reste dans une bouche d'égout. Il va de soi que je ne dirai pas non plus à Mamanita que je compte, d'ici à la fin du mois, expédier quinze dollars à New York. J'aurais aimé le faire de manière qu'ils arrivent là-bas avant le 25, mais, pour l'heure, je n'ai pu en réunir qu'environ onze et demi. J'ai gratté cette somme, nickel par nickel, sur l'argent que je reçois d'Anita pour assurer mes menues dépenses (comme mon tabac, mon eau de Cologne et bien sûr le journal, dont j'espère toujours apprendre quelque nouvelle, je ne sais quoi exactement, qui me sortira de l'impasse où je suis). On ne vérifie pas mes comptes, ce n'est pas du tout ce que je veux dire. Je réclamerais cinquante ou même cent dollars d'un coup, on me les remettrait sans sourciller. Mais je m'y refuse. J'ai à cœur de ne pas être à charge. Je tiens, moi, les comptes avec précision et, dès que j'aurai reçu l'un des chèques que j'attends des Melrose et de l'A.S.C.A.P., je rembourserai Anita jusqu'au dernier cent, sans oublier de lui faire un cadeau qui la rendra heureuse (lequel ? il faut que je réfléchisse à la question). D'ailleurs, je ne suis pas encore tout à fait fauché. Lorsqu'elle a décidé qu'elle m'abriterait chez elle et subviendrait à mes besoins, tandis que j'irais prospecter à droite et à gauche, je lui ai seulement remis ce qu'il me restait, dont l'essentiel provenait de la vente de la Cadillac, hélas trop vieille et trop marquée par ma dernière odyssée pour être d'un bon rapport. Nous avons déposé mon argent à la banque, en sorte qu'il fasse des petits. Dès que l'occasion se présentera de l'investir utilement, il formera le fond du pécule nécessaire. Anita m'avancera le reste, et c'est pourquoi, mis à part ce que je mets de côté pour Mabel, je ne veux tirer profit de sa générosité en aucune façon.

C'est une situation bizarre : je ne manque de rien, mes moindres désirs sont exaucés si je les formule, et pourtant je tire le diable par la queue. Et lui, Satan, me tire par la manche, ayant noté la disparition de ma tante. Les coups de couteau du Jungle Inn ne m'ont fait aucun bien, j'en suis conscient, mais l'essentiel de mes maux vient d'ailleurs. Et il ne faut pas être grand clerc pour désigner l'endroit. Les profondeurs – voilà d'où m'arrive toute cette malédiction. Le Cornu présente sa créance ! J'espérais que Lalee trouverait le moyen d'intercéder en ma faveur. J'ai rédigé ma requête sur sa tombe, en écrivant le plus près possible de son cœur et le plus lisiblement possible, ce qui ne va pas de soi. Je lui ai beaucoup parlé à travers la pierre. Mon haleine, à la longue, aurait dû attendrir le granit. Mais les jours passent, les semaines filent et je vois bien que je vais de mal en pis. À tel point que nous avons jugé plus sage, Anita et moi, de suspendre mes efforts pour m'extirper de l'ornière, jusqu'à ce que je sois un peu plus flambant. Je dois économiser mes forces, c'est un fait. Inutile de se voiler la face : ce n'est pas un nouveau départ que j'ai pris avec mes récents enregistrements pour Victor et General. Au reste, les premiers ne sont plus si récents que cela. *Mamie's Blues* a plus d'un an. Si ces œuvres avaient dû me remettre en selle, ce serait déjà fait.

Quand j'ai le moral au plus bas, il m'arrive même de penser qu'il vaudrait mieux pour moi que chacun les oublie. Ainsi, je pourrais vraiment renaître. Ma mission sur cette terre n'est pas de reproduire mes anciennes créations, même d'une manière admirable, et moins encore de suivre des modes que je n'ai pas lancées (bien qu'elles me doivent à peu près tout). Je dois me rester fidèle, mais je dois, en quelque sorte, me réinventer et surprendre le monde, comme ce fut le cas lorsque j'étais le phare des musiciens de Storyville. Je sais que j'ai ce pouvoir en moi. Ces mains, cet esprit, ont enfanté le jazz. C'est moi qui ai enfanté le jazz. Et c'est moi qui l'ai élevé. Oui, élevé. À des hauteurs inespérées. Vertigineuses. Ni Bolden, ni Keppard, ni Petit, ni Oliver, ni Bechet, ni Armstrong n'ont jamais soupçonné qu'on pouvait le porter aussi haut. Personne ! Je l'ai hissé au niveau des musiques les plus raffinées de l'Europe. Ce qui s'est fait avant moi, à La Nouvelle-Orléans, je l'ai tiré du ruisseau. Il m'incombe d'être à jamais celui que j'ai été. Je détiens les clés du jazz de demain. Les autres, si brillants soient-ils, ne savent même pas ce que leur musique doit attendre de l'avenir.

Le Malin ne me lâchera pas – je ne me fais aucune illusion là-dessus. En ce qui me concerne, à plus ou moins brève échéance, je suis perdu. Cependant, l'Éternel ne permettra pas que Sa volonté soit sans conséquence, que le Verbe demeure en cette circonstance une parole stérile. Il m'a confié une charge. Avant que je me retire, la besogne doit avoir été accomplie. S'Il a ordonné que le jazz soit, Il n'acceptera pas que celui qui tout à la fois devait donner chair à cette musique et en être l'incarnation disparaisse dans l'ingratitude et l'indifférence, sans avoir rempli ses obligations envers Lui et envers l'humanité. Pour sauver le jazz qui est Son œuvre, Dieu m'accordera un sursis et me rendra mon prestige. J'ai foi en Sa toute-puissance. J'ai foi en Sa détermination.

Le Seigneur m'accordera la force, de manière à faire triompher Sa puissance. Depuis mes pénibles séances en solo pour General Records, les pianos ont cessé de m'inspirer une confiance aveugle. Je sais désormais qu'ils peuvent me trahir, en profitant des faiblesses de mon corps. Jusque-là, jamais je ne les aurais imaginés aussi lâches. Je ne m'approcherai de nouveau d'eux que lorsque je serai sûr de leur en imposer, de les dominer physiquement, comme le faisait si bien Mamie Desdoumes, cette femme à qui l'on doit le *Mamie's Blues*. Elle n'habitait pas très loin de chez Lalee, dans Garden District. À l'époque où, enfant, je vivais là-bas aussi, je me réveillais chaque matin aux accents de cette chanson. Et pour cause ! Mamie et son piano n'en connaissaient pas d'autre. Jour après l'autre, j'étais tiré du lit par cette voix puissante qui reprenait sans trêve la même plainte : « J'étais debout au coin de la rue, les pieds dans l'eau... » Ignorant tout de la science des accords, notre voisine laissait pendre son bras gauche à son côté la plupart du temps. Elle n'utilisait pour jouer que sa main droite. Trois doigts de sa main droite, plus précisément, car, à la suite de je ne sais quel accident, il ne lui en restait pas davantage. Mais quelle intensité, quel poids, quelle vie elle parvenait à mettre dans chaque note !

J'ai eu la chance d'écouter, aux quatre coins du pays, à peu près tous les pianistes célèbres (j'entends ceux dont la réputation n'était pas usurpée), à commencer par Tony Jackson. Tony était une tapette et ne s'en cachait guère, mais, fût-ce dans son dos, personne ne se serait permis une plaisanterie déplacée à son sujet. Il était considéré dans le Tenderloin comme le plus grand improvisateur de la planète, et quiconque contestait ce jugement avait intérêt à sortir de chez lui armé. Eh bien, jamais, je dis bien jamais, je n'ai entendu musique de piano plus envoûtante que l'interprétation de *Mamie's Blues* par sa créatrice. La magie qui s'en dégageait possédait un tel pouvoir que Mamie elle-même s'y laissait prendre. La fenêtre de sa cuisine (où elle avait installé l'instrument) restait ouverte la plupart du temps : on la voyait fixer un point droit devant elle, les yeux exorbités et, en même temps, d'un vide effrayant, comme s'ils ne reflétaient plus que l'au-delà. De notre côté, si nous lui prêtions un tant soit peu d'attention, très vite nous n'avions plus conscience d'entendre le même morceau, toujours le même depuis des semaines, des mois. Son mystère était devenu inépuisable. Ou plutôt, il s'épaississait au fil des reprises.

Si bien que les gens du quartier n'émettaient aucune protestation, alors même que Mamie, comme hypnotisée, se montrait capable de faire proliférer son blues à perte de vue et d'y revenir je ne sais combien de fois de suite, en attendant que la nuit tombât (comme s'il fallait que les ténèbres pénètrent dans sa bouche pour lui couper le sifflet). Mais le sortilège n'était pas épuisé pour autant.

On allait se coucher et les paroles de cette sacrée chanson continuaient de vous tourner dans la tête. Il arrivait qu'elles vous poursuivent jusque dans vos rêves : « J'étais debout au coin de la rue, les pieds dans l'eau… » Ce n'était jamais que l'histoire d'une pauvre femme qui tend la main au bord d'un trottoir. Il n'y avait rien là de si épouvantable – ce genre de chose arrive encore tous les jours et, à La Nouvelle-Orléans, en ce temps-là, dans cette partie de la ville, c'était monnaie courante. Néanmoins, vous étiez obsédé par ces paroles. Votre imagination les illustrait toutes seules, profitant de ce que vous dormiez, et fabriquait à partir de là des tragédies toutes plus déchirantes, plus angoissantes les unes que les autres. Si on avait le malheur de se réveiller, on se retrouvait tout hérissé de chair de poule au fond de son lit. Et pas seulement cela : on avait soi-même, comme par hasard, des sueurs froides aux extrémités. « Les pieds dans l'eau », c'était le cas de le dire. Même *Rendez-moi l'enfant de ma fille morte*, une chanson triste qui me plaisait beaucoup, ne vous procurait pas de telles sensations. Je me demande pourquoi j'ai attendu si longtemps avant d'enregistrer ce morceau. Il a fait son petit effet en 1940 : quel succès n'aurait-il pas rencontré en 1925 ! Je croyais l'avoir oublié. En réalité j'essayais de me dissimuler son existence. Il m'effrayait encore un peu, et j'ai le sentiment qu'il m'effraiera toujours, en dépit du fait que, étant le musicien cultivé que je suis, je ne peux pas y mettre cette espèce de violence primitive et de fascination animale qui étaient l'apanage de Mamie Desdoumes.

Cette femme ne dominait pas son instrument. Les doigtés, il va de soi, gardaient pour elle des secrets percés par des fillettes de six ans. Elle ne connaissait qu'une façon de toucher un clavier, laquelle consistait à boxer les touches avec le plus de brutalité possible, tout en assommant la pédale forte à coups de semelle. Je parie que sa savate droite en était toute défoncée. Mamie jouait pesant, épais, carré bossu, sans la moindre nuance. Cependant, on n'éprouvait aucune peine à distinguer dans ce brouhaha, dans cette bouillie poisseuse, le lugubre du sinistre, ce qui relevait du désespoir et ce qui relevait de la révolte, sinon de la menace. Ses trois doigts abolissaient autant de siècles de perfectionnements et de subtilités techniques. Une tradition chèrement acquise et des générations de pianos méprisaient sa façon de procéder. L'instrument, sans conteste, lui était mille fois supérieur, sauf qu'il ne parvenait pas à lui en remontrer. Elle restait la patronne en dépit de tout. Il ne lui mangeait pas dans la main, mais, sans elle, il n'avait rien à se mettre sous la dent. Rien que des recettes de cuisine et pas du tout de nourriture. La consistance, c'était le rayon de Mamie Desdoumes. Son piano, pendant ce temps, suçait des briques en consultant le menu. J'ai toujours envié cela, parce que c'est une chose que vous ne pouvez pas acquérir. J'aurais donné gros, quelquefois, pour avoir la main lourde.

Anita, quand je l'ai connue, avait été chanteuse de ragtime. Une chanteuse du dimanche, je suis obligé de le dire, que je ne voulais pas voir traîner autour de mon orchestre. L'accompagner était un supplice pour tous les musiciens, car le respect de la mesure excédait ses capacités. Elle n'avait jamais possédé de piano et n'en possédait toujours pas. Aujourd'hui, je n'arrive pas à déterminer si je souffre de cette absence ou si c'est un soulagement. Je resterai fidèle à mon serment : je ne poserai mes mains sur un clavier qu'avec la certitude d'avoir recouvré toute l'aisance que je suis seulement parvenu à simuler dans *Naked Dance*, en décembre dernier. Je saurai ce qu'il en est dès que mes doigts entreront en contact avec l'ivoire. Je ne veux rien brusquer. Une déconvenue me briserait le cœur. Il arrive toutefois que l'impatience me gagne. J'empoigne ma canne et mon canotier, et je sors. Je me rends dans un saloon ou dans un magasin de musique. D'assez loin, j'observe l'instrument qui se trouve là. J'essaie de lui faire avouer ce qu'il me réserve, sans succès. J'essaie d'évaluer les progrès que j'ai accomplis, grâce aux médecines qu'Anita m'achète, aux massages qu'elle me prodigue, avec une patience et un optimisme sans faille. De temps à autre, je ressens dans mes phalanges une sorte de chaleur, un vague chatouillis qui me semblent de bon augure. Mais comment être sûr ? Les pianos ne m'adressent plus la parole. Rien ne me déconcerte davantage. Peut-être me reprochent-ils ce qu'ils prennent pour de la froideur. Je ne suis pas insensible, au contraire ! J'ai peur de l'être trop.

Je n'avais pas dix ans lorsque je me suis aperçu que je possédais un don peu répandu. Je parlais aux instruments de musique et ils m'écoutaient. Ils m'obéissaient.

Je leur disais ce que j'attendais de leur part : ils s'exécutaient. C'est pourquoi, dès cet âge, je me défendais mieux que bien à la batterie, au violon et plus particulièrement à la guitare. Lorsqu'il s'agissait de gratter les cordes, je n'avais en Louisiane qu'un seul rival : Bud Scott – celui-là même qui, trente ans plus tard, ferait partie de mes Red Hot Peppers, après avoir enregistré pour Joseph Oliver et Johnny Dodds. On était encore au siècle dernier, je portais des culottes courtes, mais j'étais déjà une personne fière. Si mon talent me valait d'occuper la première place, je ne supportais pas de la partager avec quelqu'un d'autre. Or, entre Bud et moi, les experts balançaient. Tout le monde, il me faut bien l'admettre, ne m'accordait pas la palme, ou en tout cas pas toujours. C'est une des raisons qui m'ont poussé à me tourner vers le piano, dont je m'étais beaucoup méfié jusque-là.

J'éprouvais le sentiment que cet instrument était réservé soit aux dames, soit à des hommes dont les cheveux descendaient aux épaules. On prenait facilement ces « longues crinières » pour des émules de Tony Jackson – et pas à cause de leur façon de jouer, qui était bien différente de la sienne. Je craignais d'être mis dans le même sac, ce qui aurait été un lourd boulet à porter dans le milieu où j'évoluais. Je me suis senti libéré le jour où, dans une réception où Lalee m'avait emmené, j'ai vu un type à moitié chauve, à la nuque et aux tempes bien rasées, abandonner les deux prostituées aux bras desquelles il se pavanait pour s'asseoir au piano et interpréter avec une énergie farouche un air qui n'avait rien d'efféminé. Dès le lendemain, seul à la maison, j'ai osé ouvrir le piano et entreprendre l'exploration du clavier. Quelques semaines plus tard, je recevais mes premières leçons. Faire la connaissance d'un professeur qui n'était ni un charlatan ni un incapable me demanda plusieurs années, mais quand, enfin, je rencontrai l'excellent Mr Nickerson, ma voie était déjà toute tracée. Sinon, aurais-je su reconnaître l'incompétence des maîtres qui l'avaient précédé ? Aurais-je pu, assez vite, redresser leurs erreurs et leur tenir la dragée haute ?

Aussi longtemps que mon existence trépidante m'en a laissé le loisir, chaque fois que j'en trouvais l'occasion, j'ai vérifié que je gardais les pianos bien en main. Je me suis même efforcé d'assurer ma prise au moyen des entraînements appropriés. Les connaisseurs disent volontiers que je suis un perfectionniste. Je ne les contredirai pas sur ce point. À l'époque où j'étais, à même pas vingt ans, le phare des musiciens du quartier réservé, une fois rentré chez moi, tout le temps que je ne passais pas à composer des airs et à imaginer des arrangements pour petite ou moyenne formation, je le consacrais à peaufiner ma technique instrumentale. Il ne me suffisait pas d'être le meilleur (devant Tony Jackson, dont je ne dirai jamais de mal pour autant : s'il n'avait pas été si difficile à égaler, puis à battre, je n'aurais peut-être pas été incité à me surpasser à ce point) – il ne me suffisait pas d'être le meilleur : je voulais pouvoir clouer le bec aux nouveaux venus qui, avec courage et détermination, s'étaient fixé pour but de devenir un jour meilleurs que moi. Je m'étais un jour trouvé à leur place : je savais qu'ils ne m'épargneraient pas. En conséquence, je m'appliquais à reculer sans cesse la cible qu'ils tentaient d'atteindre. Voilà pourquoi nul ne pouvait rivaliser avec moi. Jamais je ne me suis satisfait des performances que j'accomplissais à l'émerveillement de tous. J'ai toujours été avec moi-même d'une exigence qui frisait la tyrannie, en refusant quoi qu'il arrivât de reconnaître mes efforts à leur juste valeur. Dans une compétition, le plus dur est de ne pas se laisser distraire par ses propres exploits. Mon orgueil, contrairement à ce que racontent les gens, m'aura évité bien des camouflets. Parce qu'il m'interdisait toute complaisance envers moi-même.

J'aurais pu être tenté de m'arrêter dans mon ascension. La précocité de mes succès m'y incitait. Les éloges sont à la fois un accélérateur sans égal, surtout lorsqu'on n'est pas sorti de l'adolescence, et un frein d'une efficacité redoutable. Or, les éloges ne m'ont jamais fait défaut et, lorsqu'ils s'adressaient à moi, ne s'encombraient pas de nuances. La première fois qu'on m'a poussé sur le tabouret d'un piano à queue, dans une maison de plaisir du Tenderloin – un instrument tout blanc, dont le coffre passé chaque après-midi à la peau de chamois reflétait les visages –, j'aurais fui à toutes jambes si les amis qui m'avaient contraint à cette audace ne m'avaient coupé la retraite. Je me suis jeté à l'eau, bien forcé, et le premier commentaire que j'ai entendu à la fin de mon interprétation fut : « Mais, ce garçon est un prodige ! » Même la « madame », qui avait vu défiler chez elle bien des professeurs (c'était ainsi qu'on appelait les pianistes de bordel), en paraissait convaincue. D'ailleurs, elle proposa de m'engager sur-le-champ, au tarif d'un dollar par nuit, sans compter les pourboires, généreux dans ces sortes d'endroits, pour peu que la clientèle s'entichât de vous. Ma petite démonstration venait justement de me rapporter une vingtaine de billets, quand je n'en gagnais pas autant en une semaine par mon travail dans une tonnellerie. J'hésitais, craignant les réactions de ma famille, mais je finis par accepter. Je prétendrais chez moi que je faisais désormais partie de l'équipe de nuit. Et ce manège dura jusqu'à ce que ma grand-mère Mimi Pechet, une personne soupçonneuse et très collet monté, comme beaucoup de vieilles Créoles, découvrît le pot aux roses. Je m'attendais à encourir ses foudres, mais pas à la réaction qui fut la sienne : elle me déclara que tous les musiciens de la terre avaient été, étaient ou seraient bientôt des va-nu-pieds, en même temps que des personnes à qui les gens de bien n'accordaient pas plus de respect qu'elles ne s'en portaient à elles-mêmes. Séance tenante, sous prétexte que j'allais pervertir mes deux sœurs, elle me montra la porte et la claqua derrière moi, avec l'intention bien arrêtée de m'en condamner le seuil à jamais. Ma tante habitait alors Biloxi. Mon réflexe fut de courir vers elle. C'est dans cette ville que je sifflai mon premier whisky, connus ma première cuite et entamai une carrière de pianiste dans des saloons qui n'étaient que des bouges et des bobinards d'où l'on n'avait jamais l'assurance de sortir en un seul morceau.

Je dois prendre la Lincoln pour gagner l'église catholique la plus proche. Sauf à l'époque de mes vadrouilles, où ma façon de vivre ne me laissait plus le loisir de vivre comme il faut, j'ai toujours été ce qu'on appelle un dévot. Je l'étais à New York, avant de traverser tout le pays. J'ai hâte de le redevenir. C'est moins facile ici, parce qu'il n'y a pas de lieu de culte approprié au voisinage immédiat de la maison où j'habite et du fait que, à pieds, je ne me déplace plus aussi commodément que naguère. Et je compte pour rien ces affreuses migraines qui fondent sur moi sans crier gare (sans doute une séquelle du coup de couteau que j'ai reçu dans la tête). En quelques minutes, elles m'anéantissent, me rendent impropre à toute activité exigeant un minimum de concentration, la prière incluse. J'ai pourtant un besoin vital, c'est le cas de le dire, que le Seigneur me prenne sous Sa protection. Il convient que je me présente à Lui sous mon meilleur jour. Non pas tant comme un fidèle assidu, d'ailleurs (Il n'a pas forcément beaucoup de sympathie pour les grenouilles de bénitier), mais comme un homme purifié de ses fautes, de ses pensées mauvaises et de tout ce qui répugne à Sa compassion. Je n'assiste qu'à la grand-messe du dimanche, comme j'ai l'habitude de le faire depuis que je ne décroche même plus d'engagement le samedi soir. En revanche, je reçois la confession le plus souvent possible, de manière à rester sans tache. Dès que j'ai commis un péché quelconque (c'est souvent par inadvertance, ou à cause d'habitudes anciennes qui m'ont été inculquées par d'autres), je cours solliciter ma pénitence et mon pardon. L'oisiveté présente cet avantage.

Je veux que, au moins, Dieu n'ait aucun motif d'ignorer mon cas, en dehors de cette damnation qu'Il ne peut lever, mais dont Il sait que je ne suis pas responsable. Afin de ne pas donner au vicaire de la paroisse à laquelle le camp de touriste est rattaché le sentiment que j'abuse de sa patience, ou l'impression que je suis dérangé, je couvre quelques miles supplémentaires et m'adresse à tour de rôle aux curés des autres églises. J'ai établi une succession d'étapes pour ma purification, un circuit auquel je me tiens. De cette manière, aucun prêtre ne m'entend plus d'une fois par semaine. Je n'attire pas plus les soupçons que les vieilles peaux qui vont à confesse comme si le sacristain leur avait délivré une carte d'abonnement. Soucieux de ne pas être regardé comme un maniaque ou une personne futile, j'expose à chaque ministre des fautes dont le précédent m'a déjà accordé la rémission au nom de la sainte Trinité, ce qui me permet d'en être lavé deux fois. On ne fait jamais preuve de trop d'humilité, de trop de repentir. Cette pensée me rassérène. J'espère seulement qu'au regard de la Religion, une telle précaution n'est pas assimilée à un mensonge. À qui le demander ? Si je pose la question à un prêtre, je n'oserai plus ensuite fréquenter son confessionnal. Je préfère penser que je mets de mon côté toutes les chances que le Seigneur m'entende. On ne sait jamais ce qui peut vous arriver. Tel abbé, parce qu'il se sent de bonne humeur, peut vous infliger une pénitence dérisoire, qui en aucun cas n'efface le péché correspondant. Ou bien vous tombez sur un de ces hommes de robe qui ont perdu la foi mais, n'ayant pas le courage de l'avouer, continuent de distribuer à droite et à gauche des sacrements qui ne valent pas plus que de la fausse monnaie. Dans ces conditions, ma façon de procéder n'a rien de si extravagant. Les autres catholiques seraient bien avisés de l'adopter. D'ailleurs, cela les contraindrait à fréquenter plus assidûment la maison de Dieu.

En y réfléchissant, j'arrive à la conclusion qu'il serait de mon intérêt de confesser une fois de plus mes péchés anciens, mes péchés de jeunesse, pour le cas où ils n'auraient pas été effacés de mon ardoise comme je le croyais. Or, ce sont les plus graves de tous. J'ai fait la vie, au tout début du siècle, je ne peux pas le nier. On se croit immortel, quand on est jeune. On ne pense pas à son salut. On a le vaste monde à conquérir, plein de choses merveilleuses. On ne voit pas plus loin que le bout de ses désirs. À l'argent facile et à ce qu'il permet, j'étais prêt à sacrifier la musique elle-même – la musique qui était le cadeau du ciel. En tout cas, j'envisageais de la faire passer au second plan, avec l'excuse qu'elle ne m'assurait qu'une subsistance précaire, éternellement provisoire – comme d'ailleurs à tous les autres musiciens de ma connaissance à cette époque. Plus d'un s'en sortait en vivant aux crochets d'une femme ou de plusieurs. Moi, j'avais choisi de devenir le meilleur joueur de billard de la planète, mais à l'insu de tous, de manière à être aussi le plus éhonté des arnaqueurs (trop peu de gens sont assez présomptueux pour se frotter aux champions reconnus). Je comptais amasser une fortune en plumant des pigeons.

Je ne l'ai pas caché à Mr Lomax : j'aspirais alors à devenir un affranchi. Un de ces caïds à la mie de pain qui peuvent se permettre d'avoir des poches percées, dans leur pantalon du dernier chic. Ma famille avait rêvé de me voir embrasser la profession de maçon. Ce ne serait jamais mon ambition. Et si la musique se montrait ingrate envers moi, il fallait bien que je me débrouille d'une manière ou d'une autre. Jour après jour, je progressais au billard, mais pas encore assez vite à mon goût. Si je voulais que mes projets aboutissent, il ne me suffisait pas d'être excellent. Alors j'ai pris des leçons pour tricher aux cartes. J'étais un pécheur méthodique. Extrêmement appliqué. Le Seigneur ne peut pas avoir passé l'éponge d'un revers de main. Après quoi, vingt-cinq ans plus tard, il y a eu ce mariage civil, qui représente peut-être le pire de mes manquements aux lois divines. Car, non content d'avoir fauté avec impudence, voilà que je vivais dans le péché. Aussi dignement que possible, c'est vrai, et sans jamais tromper ma compagne, mais dans le péché tout de même. Et je n'y renonçais qu'au bout de douze années – au demeurant en ayant contracté une nouvelle union qui, elle non plus, n'avait pas été bénie. J'aimerais conduire Anita Gonzalez à l'autel, si elle voulait d'un mari aussi diminué que moi, mais où trouverais-je le courage de demander le divorce à Mabel ? Et cet abandon plairait-il à Dieu ? Elle vient de tomber malade, elle aussi. La charité chrétienne impose des devoirs. Ce qui ne va pas dans ce monde, quand on n'est pas un saint, c'est qu'on ne peut pas faire le bien sans faire le mal. Vous n'avez aucune possibilité de vous en sortir. Vous ne savez jamais au juste sur quel plateau de la balance tel de vos actes sera jeté. Le Jugement, hélas, ne me concerne plus. Pour autant, je dois faire preuve de bonne volonté, de la meilleure volonté possible, si je souhaite obtenir le sursis auquel j'aspire de toute mon âme – le sursis dont le jazz a besoin pour renaître de ses cendres.

Quand mes maux de tête ne me clouent pas sur le canapé du living, en proie aux nausées qui les accompagnent d'ordinaire, je passe une grande partie de mes journées entre l'église et le cimetière. Eulalie Echo était une sorcière, mais elle reste ma marraine, celle à qui je dois mon premier prénom de Ferdinand. Le ciel me pardonnera de ne pas la renier. D'ailleurs, elle repose en terre consacrée, là où j'espère qu'ils porteront mon corps. Sur la tombe, d'autres que moi déposent des offrandes qui, elles, ne me semblent pas très catholiques. Comment se fait-il que je n'ai jamais rencontré personne près de cette sépulture ? Peut-être l'usage vaudou commande-t-il de n'entreprendre ce genre de démarche qu'après la tombée de la nuit. Quoi qu'il en soit, ma supplique n'est plus la seule qu'on peut lire sur la pierre. Mais, j'ai confiance en ma tante pour donner priorité à la mienne, si d'aventure la mort n'a pas aboli ses pouvoirs. Étant seul, je ne crains pas de m'exprimer à voix haute, afin d'être mieux entendu. Bien sûr, je me contente de murmurer, car je n'ai pas des yeux dans le dos – on pourrait toujours me surprendre et répandre je ne sais quelles calomnies sur mon compte. Toutefois, j'articule chaque mot et j'appelle un chat un chat. Il importe qu'on ne me comprenne pas de travers. Le plus souvent, j'ai préparé mon petit discours en chemin. Tout le temps qu'elle m'a élevé, puis lorsqu'elle m'a recueilli à Biloxi, jamais elle ne s'est formalisée de mes questions ou de mes confidences. C'est pourquoi, quelquefois, j'ose lui glisser telle ou telle suggestion qui, à mon sens, pourrait un peu arranger mes affaires avec l'au-delà. Je lui propose, par exemple, d'expliquer au Démon que je vaudrai plus cher si je retrouve la célébrité que si je dois débarquer aux enfers dans la peau d'un quidam à demi infirme. Son intérêt n'est-il pas de me faucher en pleine gloire, au prix d'un peu de patience ? Au cas où l'argument porterait, l'idée pourrait lui venir de me donner un coup de pouce, afin de rendre ma chute plus éclatante.

Ni au cimetière, ni à l'église, jusqu'ici, je n'ai perçu le moindre signe, obtenu le plus petit commencement de réponse. Je me tourne vers la magie parce que la religion me déçoit, et vers la religion parce que la magie tarde à opérer. Je n'ai que trop conscience de les indisposer toutes les deux. Mais je suis trop terrifié et j'ai trop peu de temps devant moi pour me priver de l'une ou de l'autre. Faut-il que je me retire dans un monastère ou que je m'initie pour de bon aux rites du vaudou ? En tant que chrétien, je crois accomplir tous mes devoirs. C'est peut-être dans l'autre sens que je dois produire plus d'efforts. Seulement, je ne suis pas un initié. À qui m'adresser pour le devenir ? Bien sûr, je demande conseil à ma chère défunte. Sur ce point non plus, je n'obtiens pas de réponse. Il y a une obligation importante que je ne remplis pas. Si je devinais seulement où se trouve mon erreur ! Au point où j'en suis, je me sens prêt à offrir toutes les garanties qu'on exigerait de moi. Cela dit, je ne peux pas être damné une seconde fois. Et si c'était, justement, le point rédhibitoire ? Je ne suis plus une proie pour les ténèbres. Là en bas, on ne me prête plus la moindre attention. En quelque sorte, je fais d'ores et déjà partie des meubles. Il me reste mon génie artistique, mais comment le monnayer ? C'est la propriété de Dieu ; je ne l'emporterai pas sous la terre.

Il y a au moins une chose dont je n'aurai jamais eu à me confesser : au plus profond de mon malheur, pas un seul instant la tentation ne m'a effleuré de reprocher à Lalee, fût-ce en pensée, d'avoir vendu mon âme au diable. Comme je l'ai dit, c'était une preuve d'amour à mon égard : la plus grande de toutes. Désigner la personne qui vous tient le plus à cœur dans l'existence ne signifie strictement rien tant que ce choix ne tire pas à conséquence. S'il engage l'avenir de cette personne au-delà de son trépas, c'est-à-dire son paradis, alors il s'agit de la décision la plus grave que vous puissiez prendre, après la mise en jeu de votre propre éternité. Et bien sûr, avec le Malin, nul ne saurait tricher. Vous ne pouvez pas citer le nom de John dans l'espoir de sauver Jim : Il ne marcherait pas dans la combine. C'est ce qui confère sa pleine valeur à un tel choix. Il est exempt de tout calcul et de toute hypocrisie ; il ignore les convenances. Bref, il est pur à cent pour cent. Je suis, sans contestation possible, l'être au monde que ma marraine tient le plus à retrouver sur l'autre rive, quel que soit le sort qu'on nous réserve là-bas. Chaque fois que j'y songe, je suis bouleversé. Et je ne me dis pas qu'elle aurait dû préférer mon salut à ses pouvoirs surnaturels. Pour la bonne raison que, sans ces derniers, j'en suis sûr, jamais je n'aurais été de taille à faire fructifier *à un tel point* les talents que Dieu avait mis en moi. Cette vérité m'apparaît de plus en plus clairement chaque jour : il a fallu, même si c'était à contrecœur de part et d'autre, que l'Éternel et son archange déchu se liguent pour que le monde ait la moindre chance d'entendre une musique comme la mienne. Entre le Bien et le Mal, Eulalie Écho a été le trait d'union. Je ne lui en serai jamais assez reconnaissant. La terre entière, en fait, devrait lui en avoir une profonde gratitude.

Je regarde aujourd'hui les choses en face. Sans ma tante, je n'aurais pas inventé le jazz. En tout cas pas ce jazz-*là* – celui qui, seul, valait la peine qu'on le fasse exister. Elle a compris bien avant moi que j'étais l'élu, mais elle n'en est pas restée là. De même que, dans mes compositions, je me suis presque toujours évertué à glisser ce que j'appelle « la touche espagnole » (sans quoi le jazz est incomplet), Lalee, voyant la palette de mes dons, s'est appliquée à y introduire une nuance supplémentaire, capable de rehausser toutes les autres. Il n'existe pas de mot pour la nommer. En ce qui me concerne, toutefois, je sais très bien de quoi il retourne. Dieu m'a confié la liste des ingrédients et la recette de cette musique si spéciale, mais c'est du diable que je tiens le secret de son assaisonnement. Il y a dans le plat une épice que vous ne trouverez sur aucun étal, même pas dans les échoppes de produits vaudous, car elle est trop rare pour cela. Une épice qui ne laisse dans la sauce aucune trace visible et qui pourtant en fait toute la saveur. Si d'aventure vous êtes capable d'imaginer quelque chose comme une lumière obscure, ou comme une ombre rayonnante, alors considérez que cette épice en est l'émanation. Je ne peux pas mieux dire.

Quand le jazz affirme une chose, dans le domaine des sentiments, il insinue toujours son contraire. C'est cela, la part du Démon. C'est ce qui trouble aussi profondément les hommes et les femmes. Ils croient savoir sur quel pied danser, et quelque chose les fait hésiter, sur quoi ils ne parviennent pas à mettre le doigt. À peine un grain de sable. Une impression qui devrait être fugitive, mais qui revient sans cesse. Pour cette raison, une musique qui n'est que liesse ou mélancolie, comme j'en entends partout, ne saurait être du jazz. Il faut – cette expression n'a jamais été aussi judicieuse – que le diable s'en mêle. Il faut que plus rien ne soit tout à fait sûr. Et il faut, quand vous êtes compositeur, arrangeur, interprète et chef d'orchestre, accueillir et féconder cette incertitude. En tenant compte du fait qu'il s'agit d'un élément extraordinairement *subtil*, que les partitions ne retiennent pas entre leurs séries de barreaux.

J'ai fait ce que j'ai pu. Ce n'était pas à la portée d'un homme qui n'aurait eu que des facultés humaines. Ma tante ne m'a pas demandé mon avis, mais, si ç'avait été le cas, j'aurais été d'accord pour acquitter le prix que Satan exigeait d'une telle dérogation. Cette décision n'aurait pas été facile à prendre pour autant. En y consentant à ma place, Lalee m'a soulagé d'un grand poids. J'ai obtenu ce que je n'osais même pas espérer sans même me donner la peine de le solliciter et sans courir le risque de ne pas saisir ma chance, soit par paresse, soit par désinvolture, soit par manque d'ambition, soit par lâcheté, soit par simple frousse. Je n'aurai pas été très longtemps heureux en ce monde ; je souffrirai éternellement dans l'autre. Néanmoins, je suis convaincu que le jeu en valait la chandelle. J'aimerais seulement voir, avant de partir, le couronnement de cette œuvre dont j'aurai été le prophète, l'ouvrier et l'apôtre. Elle le mérite, si les gens ne la méritent pas.

Eulalie, pour sa part, méritait d'accomplir des miracles. En un sens, je suis l'un d'eux – et je ne suis pas le seul. L'art et la magie, qui ont de nombreux points communs, exigent de lourds sacrifices. Et c'est sans doute ce que l'enfer exige de moi aujourd'hui pour me laisser achever ce que j'ai si bien commencé. Comme je l'ai expliqué, il n'a rien à y perdre. Cela lui suffit-il ? Je crains que non. Sur ce tapis, on ne distribue pas de carte gratuite. Mais, moi, que me reste-t-il à miser ? Des nuits durant, je me suis tordu les mains dans le noir, en tournant et en retournant cette question. Jusqu'à ce que la réponse m'aveugle, l'impitoyable réponse. Moi aussi, je dois vendre au prince des ténèbres l'âme de la personne qui m'est le plus chère. Lalee étant morte, je ne puis offrir que Mamanita. Celle-ci préférerait connaître la béatitude, j'en suis certain, mais l'enjeu nous dépasse l'un et l'autre. Ce n'est pas un hasard non plus si sa route a croisé la mienne. Le sort l'a désignée. Elle ne peut rien y faire, et moi non plus. Je l'ai retrouvée à Los Angeles parce que, sans en avoir conscience, elle m'y attendait. Des puissances l'ont placée là dans le but unique de m'apporter aujourd'hui le secours dont j'ai tant besoin, puisque je ne peux me tirer d'affaire tout seul. Ma tante me l'a enseigné autrefois : dans une destinée, il n'y a jamais de coïncidences.

Même en admettant que cette solution ne soit pas la bonne, c'est la seule qui me reste. Ce qui tendrait à prouver qu'on m'aiguillait sur elle. Que cette issue était celle que je *devais* découvrir. D'ailleurs, depuis que je l'ai envisagée, je me sens revivre. Mes forces me reviennent peu à peu. De ma nuque, une coulée de sève gagne mes épaules, descend à travers mes bras jusqu'à mes poignets engourdis, jusqu'aux articulations rouillées de mes phalanges. Elle nourrit chacun de mes muscles, elle met un baume sur mes nerfs, elle dilue et emporte tout ce qui grippait cette mécanique. Je suis de nouveau souple et apaisé. Il m'arrive, du coup, de passer une journée entière sans migraine.

Ce renouveau, je le dois à Mamanita, mon ultime recours. J'aimerais pouvoir lui exprimer ma gratitude, mais je redoute de l'effrayer ou de la mettre en colère si je l'informe de mes projets. Une vague de tendresse, cependant, me porte à lui montrer mon affection comme je ne l'ai jamais fait auparavant. Jadis, nos perpétuelles disputes interdisaient semblables élans. Nous ne réussissions qu'à nous réconcilier, précipitamment, sans douceur et jamais pour bien longtemps. J'ignore si sa jalousie s'est émoussée avec le temps, ou si elle a appris à la tenir en laisse. La vie que nous menons, l'état dans lequel je suis ne lui offre guère l'occasion de se manifester. Je ne fréquente que des curés, des docteurs et des sépulcres. Et des pianos fermés, ce qui signifie qu'elle n'a même plus lieu d'être jalouse de la musique qui, en dépit de sa suspicion maladive, fut son unique rivale à l'époque où elle m'entraînait dans ses pérégrinations sans fin. Comment réagira-t-elle quand j'aurai repris ma place dans les studios et sur les estrades ? En attendant, je compte bien être aux petits soins avec elle, de façon qu'elle garde là en bas un souvenir réconfortant de son passage à la surface de la terre.

Elle ne reste pas insensible à mes petites attentions, tout au contraire. J'imagine qu'elle n'espérait que cela. Et moi, comme un égoïste, je ne m'intéressais qu'à mes bobos. Les malades sont rarement des gens agréables, mais ce n'est pas une excuse. À présent que ma santé s'améliore, je vais pouvoir rattraper le temps perdu. Je me suis toujours efforcé de rester un gentleman – y compris au Jungle Inn quand on ne me poussait pas à bout. De surcroît, je peux être le plus gentil des hommes : Mabel Bertrand me l'a répété je ne sais combien de fois. À Storyville, je me souviens, les filles les plus blasées me trouvaient du charme. Un charme irrésistible qui me valut mon surnom de Tombeur (dans le District, en ce temps-là, on parlait plutôt d'un « Sommelier » : le gars qui débouche les flacons précieux...). Ce genre de réputation se perd vite si on ne l'entretient pas. À son âge, Mamanita est une femme pimpante et enjouée, dont les bijoux rehaussent l'éclat. Il m'appartient à la fois de lui rendre hommage et de lui faire honneur. Des cadeaux payés par son argent à elle seraient, à mon sens, d'assez mauvais goût, et peut-être s'irriterait-elle de me voir dilapider ce qui, en principe, est réservé à ma renaissance artistique. Ce que je peux lui offrir, c'est ma présence, ma chaleur, ma conversation et tout ce qu'il me reste d'amour à donner. J'ai vécu si replié sur moi-même, depuis près d'un an, sinon depuis que Victor a de nouveau oublié mon adresse et mon numéro de téléphone, que, sans m'en rendre compte, j'ai pris des habitudes de sauvage. Il n'y a aucune raison qu'Anita souffre de ma mauvaise humeur, surtout maintenant. Il est temps que nous nous aérions un peu, elle et moi. Sauf une fois pour nous rendre au cinéma du quartier, nous ne sommes jamais sortis. Elle adorait danser, autrefois. Et moi, je ne supportais pas de la voir danser avec un autre homme. Or, dans un dancing, le type qui dirige l'orchestre n'a pas plus sa place sur la piste que le barman et le portier. Au moment où la boîte, qui jouissait d'une autorisation spéciale de la préfecture de police, fermait ses portes, il y avait belle lurette que les autres établissements étaient plongés dans le noir. Une ou deux fois, nous avons dansé seuls chez nous au son de la radio, alors que l'aube commençait à blanchir les fenêtres, mais c'était en quelque sorte par acquit de conscience : les sensations n'étaient pas du tout les mêmes que sous une boule à facettes. Je vais proposer à Mamanita d'aller dîner au centre-ville, dans un endroit où ils ont de la musique et un parquet.

J'ai été bien inspiré : elle est rayonnante. Elle a mis ses plus beaux atours. On ne peut poser le regard sur elle sans être ébloui, ne serait-ce qu'à cause des diamants attachés à ses doigts, à ses poignets, à son cou, à ses oreilles, de ceux qui forment un diadème sur sa chevelure et de ceux qui, sur sa poitrine, ornent une broche presque aussi grande qu'une soucoupe. Je regrette de ne pas posséder un meilleur costume pour l'escorter, mais elle ne paraît s'en apercevoir. Juste avant que nous quittions sa maison, elle m'a remis une cravate à motifs argentés, somptueuse, qu'elle avait choisie pour moi dès qu'il avait été question de passer une soirée dehors. Elle a eu la main heureuse, je dois le reconnaître. Un coup d'œil dans le miroir de l'entrée m'a convaincu que cet accessoire présente l'immense avantage de faire passer le reste. Personne n'irait seulement imaginer qu'avec une cravate aussi flamboyante un type se permette d'endosser des vêtements qui, pour leur part, ont vécu. Par bonheur, il me restait tout de même au fond d'une de mes malles une paire de pantalons blancs et une de ces vestes croisées de velours lie-de-vin à double rangée de boutons blancs que j'ai longtemps portées sur mes affiches et mes photos publicitaires. Elles ne sont plus à la dernière mode, je ne prétendrai pas le contraire, mais elles font encore leur petit effet, en particulier sur des pantalons que leur pli impeccable rend sans âge. Ils sont un peu jaunis, en l'occurrence, mais, si l'on veille à se placer dans la lumière, personne ne remarque rien. Quant à la coupe, pour une veste d'homme, rien ne ressemble davantage à celle d'après-demain que celle d'avant-hier, sauf aux yeux des tailleurs. Le tout, lorsque vous avez une vieillerie sur le dos, est de ne pas afficher votre embarras. Les loufiats ne manquent de respect qu'à deux sortes de clients : les fauchés et les timides.

Mamanita avait jeté son dévolu sur un restaurant chinois réputé pour son luxe et la diversité de ses mets, au premier étage d'un bâtiment cossu. Nous avions décidé de prendre un taxi, plutôt que mon antique Lincoln, afin de nous épargner un sourire dédaigneux de la part du chasseur. Mais, dans l'après-midi, sur un coup de tête, elle décida de me faire une surprise et réserva une limousine. Durant tout le trajet, elle s'agrippa à mon bras, serrée contre moi sur l'immense banquette, la tête inclinée sur mon épaule. L'émotion me piquait le fond des yeux. À sa façon, cette femme me disait ce que j'avais le plus envie d'entendre de sa bouche : qu'elle ne se séparerait jamais plus de moi, quoi qu'il advienne.

Le décor de l'établissement, très chargé, mêlait les dorures, les dragons, les laques et les porcelaines, les plantes vertes et les fleurs exotiques ; il vous explosait à la figure. À cause de l'épaisse moquette et de la discrétion avec laquelle se déplaçait le personnel, l'ambiance, en revanche, apparaissait des plus feutrées. En particulier dans la salle à manger, où l'on avait en outre baissé les lumières. Comme dans certains cabarets où j'avais travaillé, les tables étaient disposées en cercles concentriques autour d'une piste de danse – minuscule, en l'espèce. Cet espace était dallé de grosses briques de verre ; l'éclairage venait du sous-sol, mais de manière à respecter la décence. L'exiguïté de la piste invitait les couples à se mouvoir à tout petits pas, les coudes collés au corps. Et, même s'il n'y en avait qu'un seul à se donner en spectacle, l'atmosphère compassée du lieu le dissuadait d'en prendre à son aise. Tout de suite, je me suis moi-même senti gêné aux entournures. Entre nous, j'avais connu, à La Nouvelle-Orléans, des veillées funèbres plus exubérantes. Anita, cependant, semblait aux anges. De toute évidence, il y avait longtemps qu'elle attendait une occasion de franchir le seuil de cette crypte, où, je dois le dire, nul n'avait l'air plus déplacé qu'elle, avec son excès de parures et son visage éclatant. Bien sûr, j'ai pris sur moi, attentif à ne pas lui gâcher son plaisir.

Elle continue de se presser contre moi. J'en suis flatté, et tout de même un peu ennuyé, devant ces gens – clients sur leur trente et un et serveuses en longues robes de soie boutonnées jusqu'au menton, mais fendues jusqu'aux cuisses – qui ont tous avalé leur parapluie. Avant même que nous ayons été servis, elle m'entraîne sur les dalles de verre, où, à notre tour, nous rampons à la verticale en tournant au ralenti. Je n'ai jamais appris à danser à ce rythme, ni d'une façon si empruntée. Je me laisse guider. J'ai trouvé le mot que je cherchais dans la limousine : Anita, ce soir, se montre *enveloppante*. Elle aimerait s'enrouler autour de moi comme un liseron. L'étrange idée me traverse l'esprit qu'elle aimerait refermer son corps autour du mien. En tout cas, elle tient à afficher son affection, comme si elle voulait renforcer l'amour que, moi, j'éprouve pour elle. Comme si elle cherchait à encourager ma démarche auprès de Satan en devenant encore plus précieuse à mes yeux. Je lui en sais gré. J'essaie de me maintenir à son diapason et ce n'est pas facile. Je ne suis pas habitué à de telles effusions entre nous, surtout en public. Hélas, produire un effort pour ne pas se raidir revient à se raidir deux fois, et je me fais entre ses bras l'impression d'un mannequin de vitrine, sinon d'un vulgaire manche à balai. Par chance, la félicité la rend aveugle. Et sa volubilité l'empêche de voir que je ne trouve pas grand-chose à dire. Je me rattrape en souriant d'une oreille à l'autre comme un imbécile. Moi aussi, je veux avoir l'air heureux. D'ailleurs, pourquoi ne le serais-je pas ? C'est quand même, à de multiples points de vue, la plus belle soirée que je passe depuis mon arrivée à L.A. J'ai franchi un grand pas en descendant en ville dans mes habits de scène. J'ai quitté mon ermitage. Je suis revenu vers les lumières, les odeurs et les voix. Je m'apprête à remonter sur les tréteaux.

Si j'avais mon mot à dire, je souhaiterais seulement que la musique soit un peu moins fadasse. Elle émane d'un trio tassé dans la pénombre, au sein d'une forêt de yuccas : piano, clarinette, contrebasse. Impossible de décider si la mollesse et l'allure guindée de leurs interprétations inspirent les évolutions des danseurs ou ont fini par s'inspirer d'elles. C'est le pianiste qui dirige les inspirations. Naturellement, il ne vaut pas un clou, ni comme instrumentiste, ni comme chef d'orchestre. Je brûle de le chasser de son tabouret et de prendre sa place. Cet établissement est coté. Bien situé, bien fréquenté. Il me fournirait, en attendant mieux, un excellent tremplin pour la suite de ma carrière… Depuis combien de jours, de semaines, un instrument ne m'avait-il pas ainsi tendu les bras ? Jusqu'ici, les pianos étaient semblables à des hommes dont les traits se figent, dont les sourcils se froncent, dont la bouche se plisse, dont le regard se détourne à votre approche. Voilà enfin le signe que j'espérais. Un clavier m'appelle. « Ferdinand ! Hé, Ferdinand ! » Je peux presque l'entendre. Par-dessus la table, je tends la main à Anita, qui tout de suite s'en empare et plonge dans mes yeux son regard étincelant. Serait-elle douée d'un sixième sens ? Elle me dit : « Ton piano, c'est la seule chose qui te manque vraiment, Ferd. Assis devant ton piano, tu es assis au sommet du monde. » Elle embrasse ma main, la secoue avec force, puis elle ajoute : « Tu verras comme nous serons bien. »

Un bruit a dû me réveiller. Nous sommes rentrés tard du restaurant. D'abord, nous avons prolongé le repas. Après quoi, nous avons dû battre le pavé pendant près d'une heure. Anita n'avait pas prévu de limousine pour le retour et – était-ce parce que, les fêtes approchant, les gens prenaient goût à passer leurs soirées en famille ? – les taxis ne se bousculaient pas dans les rues. Les rares que nous apercevions au loin ou bien bifurquaient avant de nous atteindre, ou bien filaient droit devant eux comme s'ils avaient le feu aux trousses, indifférents à nos signaux désespérés, ou bien encore ils étaient occupés. Au moins étions-nous en Californie et non pas à New York ou au bord du lac Michigan : là-bas, une nuit du 23 au 24 décembre peut vite tourner à la débâcle. En pleine ville, des gens meurent égarés dans une tempête de neige, exactement comme s'ils se trouvaient dans un roman de Jack London, seuls et loin de tout au milieu de la banquise. Bref, j'étais assommé de fatigue lorsque nous avons pu regagner notre domicile et j'avais demandé à Mamanita de me laisser dormir tout mon saoul le lendemain.

La chambre donne sur la galerie extérieure. Du lit, si on relève le buste, on aperçoit le porche à travers les rideaux à l'ancienne, travaillés au crochet. Quelque chose me tire de mon sommeil et, bien que la fenêtre soit fermée, je perçois un murmure qui m'intrigue. Sans doute parce que j'ai été confronté au surnaturel dans mon enfance, je suis par tempérament à la fois curieux et inquiet. Je me dresse sur les coudes et j'aperçois, en haut du perron, un homme que je ne connais pas. Il est très grand et très mince. Il a les traits d'un Créole des îles. Le rebord de son feutre me dissimile son regard. Il est habillé d'un manteau de cuir fauve, lustré par l'usage, me semble-t-il, plus que par les produits d'entretien ; ici et là, ce vêtement présente de longues traces noirâtres, comme s'il avait été léché par les flammes. De la poche de ce manteau, l'homme tire une fiole de verre, pleine d'un liquide incolore. Surgissant à la gauche de mon champ de vision, un avant-bras s'en empare. Je reconnais le bracelet d'émeraudes d'Anita. Le visiteur garde la main tendue devant lui. J'ouvre mes oreilles toutes grandes, mais il ne se dit plus rien. L'avant-bras réapparaît, exhibant quelques billets dépliés (je parierais pour des coupures de dix dollars), que l'Antillais escamote à l'intérieur de sa paume, avant de se retirer sans cérémonie. Et sans faire grincer les marches, à croire qu'il se déplace sur la pointe des pieds.

Mamanita pâlit un peu quand, un peu plus tard, je l'interroge à propos de cette scène à laquelle je n'ai trouvé aucune explication. Mais son trouble est de courte durée. En un clin d'œil, elle a ramassé les morceaux de son sourire et me présente un visage lumineux. Elle me dit qu'elle est désolée de ce que j'ai vu, parce qu'il s'agissait, après la limousine, d'une autre de ses cachotteries. Elle connaît un homme-médecine réputé, qui n'habite qu'à quelques blocs du camp de touristes, dans une zone maraîchère où il fait pousser en toute tranquillité les herbes dont il a besoin. Elle lui a demandé une préparation susceptible de guérir mes migraines. Depuis quelques jours, elle verse quelques gouttes de ce liquide dans mon café et dans certains aliments et, comme j'ai pu m'en rendre compte, la formule semble efficace. Elle a gardé l'affaire secrète par crainte de me donner de fausses espérances si ce n'avait pas été le cas, mais elle comptait tout me révéler très bientôt. « Au fait, ajoute-t-elle, comment te sens-tu après nos libations d'hier soir, mon chéri ? » C'est vrai : il y a moins d'une semaine encore, le moindre excès de boisson m'aurait fait éclater le crâne et vomir tripes et boyaux. Machinalement, je me tâte un peu partout et finis par poser le bout de mes doigts sur mes tempes : le sang y bat à un rythme mesuré ; le contact lui-même est à peine sensible alors que, lorsqu'une crise s'annonce, il déclenche une sorte de choc électrique. « Mon cœur, dis-je, je ne me suis jamais mieux porté. » À mon tour, je lui souris. Je lui souris d'une manière spéciale, qui m'était plus naturelle avec ma pauvre Mabel : je lui souris avec attendrissement. Est-ce un effet des gouttes magiques ? Mon caractère s'était aigri à un tel point que je ne m'en pensais plus capable.

Je suis ému parce que cette femme m'aime plus que je ne le mérite. Mabel Bertrand veillait sur moi, seulement elle ne possédait pas les vertus, les pouvoirs d'un ange gardien. Anita Gonzalez, elle, est de taille à remplir la fonction. Je me sens d'autant plus coupable de ma tiédeur à son égard (causée, je pense, par les préoccupations qui m'assaillent en ce moment). Elle a beau être l'unique femme qui m'ait inspiré d'aussi profonds sentiments, je ne lui rends pas tout à fait l'amour qu'elle me porte. Ce déséquilibre entre nous me consterne. Je donnerais gros, aujourd'hui, pour que Jelly Roll Morton ne soit plus la personne qui m'importe le plus en ce monde. Je forme des vœux afin que les puissances des ténèbres considèrent qu'Anita est malgré tout ce que j'ai de plus cher – quand bien même cela signifierait-il surtout qu'elle est ce que j'ai de plus précieux (et j'ai peur que la nuance n'échappe pas plus au diable qu'à moi). Une telle occasion ne doit pas Lui être offerte tous les jours, alors puisse Satan être assez avide d'acquérir une belle âme, une âme rare, pour fermer les yeux là-dessus ! Je ne demande rien de plus, à présent que je suis rassuré. Les récents événements me l'ont fait comprendre : pour l'amour de moi, Mamanita n'hésiterait pas à se vendre elle-même. En attendant, je ne sais toujours pas, moi, comment procéder pour contacter l'au-delà et mettre à qui de droit le marché en main.

Je vais retourner voir ma tante. Jusqu'ici, elle est restée silencieuse à tous mes appels, mais la situation a évolué. Cette fois, je ne viens pas à elle les mains vides. Je ne suis plus un simple quémandeur, qui espère recevoir quelque chose sans rien donner en échange. D'ailleurs, ne m'a-t-elle pas déjà entendu ? Ne m'a-t-elle pas déjà approuvé ? Je doute fort, dans le cas contraire, que les pianos se seraient remis à m'adresser la parole, que le désir de les toucher aurait de nouveau fait vibrer mes doigts ? Je le sais depuis que je me suis rendu dans ce restaurant chinois : en moi, tout s'est assoupli, tout a repris sa place, chaque nerf et chaque tendon. Ma musique n'attend plus que moi.

Ce cimetière m'est devenu trop familier pour que je me trompe sur l'emplacement. La tombe d'Eulalie se trouve à l'endroit précis où s'est planté le type que j'ai repéré de très loin – une grande perche à la peau café au lait. Le même individu que ce matin ? Je n'aurais aucune hésitation sur ce point si, au lieu d'aller nu-tête, il portait un feutre au bord rabattu sur le visage et s'il avait enfilé un manteau de cuir fauve, plutôt que de s'être enroulé une écharpe de soie autour du cou. Tout de même, les particuliers aussi efflanqués et plus longs qu'un jour sans pain, ça ne court pas les rues, même à L.A., où l'on voit de tout. En rencontrer deux à quelques heures d'intervalles – et deux, de type antillais l'un comme l'autre, qui aient chacun des accointances avec des personnes de mon entourage –, non, là, ce serait trop de coïncidence ! Celui-ci se chargerait des commissions d'un homme-médecine, tandis que celui-là irait se recueillir sur la sépulture d'une sorcière vaudoue ? On ne me fera pas avaler une fable pareille… Cependant, du point de vue de ce gars, si c'est bien le même (et je miserais mon dernier cent là-dessus), qu'est-ce qui peut bien rattacher Anita Gonzalez à ma tante Lalee ? Il n'y a qu'une réponse possible : *moi*. Moi, Ferdinand Joseph La Menthe, dit Jelly Roll Morton. J'ignore tout de ce qui se mijote mais, c'est sûr, bon gré mal gré, je suis le premier concerné. J'imagine toutefois que, si je vais trouver mon bonhomme pour lui demander des comptes, ou bien il jouera les innocents, ou bien il s'éloignera sans répondre…

De toute façon, il est trop tard. Le type ne m'a pas attendu. Je suis encore à deux allées de lui quand il s'éloigne, sans avoir jeté un seul regard de mon côté. C'est ce qui me donne l'idée de le suivre. Sans doute en apprendrai-je davantage de cette manière qu'en l'interrogeant sur ses intentions.

Je me dissimule derrière un gros arbre jusqu'à ce qu'il ait pris du champ, puis je lui emboîte le pas en veillant le plus possible à rester dans son dos. De la sorte, un coup d'œil machinal par-dessus l'une ou l'autre de ses épaules ne lui révélera pas ma présence.

Il emprunte le portail par lequel je suis entré et longe, dans l'autre sens, le boulevard décoré de palmiers qui m'a conduit au cimetière. Je ne suis plus un grand marcheur, mais il me paraît préférable de laisser la Lincoln là où elle se trouve et de poursuivre ma filature à pied. En voiture, il me faudrait rouler au pas et je finirais vite par me faire repérer. Sur ses jambes immenses, l'Antillais, au lieu de faire de longues enjambées, ondule des hanches et se déplace comme s'il était monté sur ressorts. Il donne parfois l'impression de s'être arrêté pour danser sur place. Je bénis sa nonchalance : elle facilite ma tâche. Il voudrait ménager mon cœur malade qu'il ne se comporterait pas autrement.

Depuis combien de temps marchons-nous ainsi l'un derrière l'autre ? Même pour un automobiliste, ce boulevard n'en finit pas. En plus, il traverse une zone d'habitation si clairsemée qu'elle en paraît à demi désertique, avec de vastes espaces nus étouffés par une poussière qui n'attend qu'un frémissement de l'air pour s'élever en tourbillons. On dirait que c'est la monotonie, la mélancolie et l'ennui en personne qui ont tracé les plans de ce quartier. Sans les bornes d'incendie, on se croirait dans une ville fossile. Les trottoirs sont vides, crevés, soulevés par les mouvements du sol, convoités par les mauvaises herbes. Les bâtiments, pour la plupart d'un seul étage, sont tous plus laids les uns que les autres ; les maisons particulières ont comme un air d'attendre les hommes du shérif, porteurs d'un mandat d'expulsion. Du côté où nous nous trouvons, l'homme et moi, il y a tout de même, juste après un immense carrefour, image de la désolation urbaine où s'entrecroisent des faisceaux de fils électriques, une station-service équipée de pompes rutilantes, jaune d'or et rouge, et qui marque l'orée du périmètre où se sont établis les commerces, les services, les bureaux. C'est au milieu de ce décor que mon type décide de pousser la porte d'une des rares constructions dépourvues de vitrine et de panneaux publicitaires.

Une longue et mince croix de bois sur le mur de béton brut et comme délavé m'apprend qu'il s'agit d'une église. Prenant un peu de recul, je reconnais un édifice devant lequel je suis passé plusieurs fois dans mon auto sans y prêter attention. La croix a la même couleur que le béton ; on a renoncé à tout ce qui pourrait évoquer un clocher, en faveur d'un simple toit de tôle, dont on pourrait presque toucher le bord en levant le bras. Au moins, puisque c'est un sanctuaire, ai-je une bonne raison de pénétrer dans les lieux.

Où l'homme est-il passé ? En vérité, à peine suis-je à l'intérieur que je ne m'en préoccupe plus le moins du monde. C'est à peine si mon esprit enregistre, à la vue du confessionnal, le fait qu'il s'agit d'une église catholique (elle aurait sûrement reçu ma visite si je m'étais avisé plus tôt de son existence). Tout de suite, je me suis figé près du bénitier en entendant retentir la mélodie et les accords d'un de mes plus grands succès, *Les perles*, un morceau qui plaisait tant que les producteurs de mes disques me l'ont réclamé plusieurs fois, aussi bien quand j'étais à la tête de mes fameux Red Hot Peppers que lorsqu'ils m'avaient convoqué pour enregistrer des solos de piano.

On reconnaît mon œuvre (la ligne en est assez marquante !), mais on ne peut pas dire que l'interprétation qui en est donnée là soit, je ne dirais même pas réussie, mais simplement acceptable. En imagination, mes doigts se posent sur les bonnes touches ; corrigent, surtout, les accords fautifs, incomplets ou plaqués sans ce respect de la mesure qui est primordial dans ma musique. Malgré tout, je suis fasciné, au point de ne plus me poser la question des coïncidences, pourtant brûlante, et d'en oublier tout à fait ce que j'étais venu faire ici. Il y a si longtemps que je n'ai pas entendu l'une de mes compositions interprétée par un autre pianiste. Je préférerais qu'il soit de meilleure qualité que celui-là, bien entendu. Cependant, je dois admettre que j'aurais été bougrement surpris d'entendre quelque chose d'irréprochable, de la part de qui que ce fût. Les pianistes d'aujourd'hui ont en quelque sorte les yeux plus gros que le ventre. Ils croient enrichir la musique en la compliquant. En même temps, ils s'imaginent que, si leurs doigts courent assez vite sur le clavier, personne ne s'apercevra qu'en réalité aucun d'eux ne va droit. Or, ce qui compte, c'est la précision, l'exactitude. Les choses se jouent au centième de seconde, au millième de pouce. Et voilà pourquoi mes airs ont toujours été beaucoup plus difficiles à jouer correctement qu'il n'y paraît.

De l'endroit où je me tiens, je n'aperçois ni le musicien ni même son instrument. Je descends l'allée centrale et découvre enfin, à la gauche du chœur, non loin du confessionnel, un piano droit sur le tabouret duquel s'est installée une jeune fille de couleur, pâle de teint (peut-être une native des îles, elle aussi). Elle perçoit le bruit de mes pas, tourne la tête dans ma direction et m'adresse un sourire. Un de ces sourires de nacre que je connais bien. Un sourire que je qualifierais d'aguicheur, alors que nous sommes dans un lieu saint et qu'elle n'a même pas quinze ans (au demeurant, c'était le cas de bien des pensionnaires, dans les « maisons » de Storyville). Je continue d'avancer vers elle. Je ne l'ai pas décidé. Mon corps agit de sa propre autorité. Je ne suis plus maître de mon comportement. Le sourire de cette fille s'agrandit encore. Elle ne m'a pas quitté des yeux, indifférente aux erreurs que, laissées sans surveillance, ses mains commencent de multiplier. Elle s'arrête de jouer quand je ne suis plus qu'à trois pas.

Je ne m'embarrasse pas de politesses. Après tout, il s'agit d'une gamine, et cent fois moins douée que je ne l'étais à son âge. C'est elle qui aurait déjà dû me saluer, d'ailleurs, au lieu de me considérer d'un air narquois.

Sur le lutrin accroché au coffre de l'instrument, rien qui ressemble à une partition. Je demande à la pimbêche si elle connaît le titre de son morceau.

« *Le collier*, me répond-elle avec plus qu'une touche de condescendance.

— Non, poulette ! Tu y es presque, mais pas tout à fait : il s'appelle *Les perles*. Et tu sais qui en est l'auteur, par la même occasion ?

— Oh ! un type du Mississippi ou quelque chose comme ça. Un vieux birbe. Il y a longtemps qu'il est mort et enterré, de toute façon !

— Je sens le cadavre, d'après toi ? Je suis Jelly Roll Morton, ma belle, figure-toi, Jelly Lord le Tombeur ! Et c'est moi qui ai écrit cette pièce quand tes parents, probablement, n'avaient pas ton âge. Tu veux les détails ? Je connaissais une barmaid de Tia Juana, au Mexique. Je n'allais pas lui payer un collier de perles, mais je lui ai offert ce petit bijou à la place. Dans mon esprit, il n'y avait pas de différence. Chaque élément de cette mélodie a été conçu pour s'harmoniser avec les autres, de manière qu'ils se mettent en valeur entre eux. Comme les perles dans un collier, justement. Alors, qu'est-ce que tu en dis, là ? »

Elle n'en dit rien. Elle m'éclate de rire au visage. La moutarde me monte au nez, mais je parviens à me maîtriser. Je pêche à l'intérieur de mon veston une des cartes de visite dont j'ai fait imprimer un millier d'exemplaires à New York, à l'époque où, Mabel et moi, nous habitions dans la 131ᵉ. Il y est précisé que je suis le plus grand compositeur de musique hot du monde entier, ainsi que l'homme à qui ce même monde doit le jazz, le stomp et le swing.

La fille examine en fronçant le nez ma carte, qu'elle tapote contre ses ongles manucurés, l'air boudeur.

« Peuh ! C'est jamais qu'une carte, lâche-t-elle en reniflant. N'importe qui peut s'en faire fabriquer des pareilles. Et puis, vous avez vu ? Elle a les bords tout jaunes. Elle n'est pas de la rosée de ce matin. Si ça se trouve, vous l'avez achetée au décrochez-moi-ça, ou tout bonnement ramassée dans la rue tout à l'heure, ou même volée à quelqu'un. Pour ce que j'en sais, moi, avec vos histoires de pouffiasses mexicaines… ! »

Je ne perds pas mon temps à discuter.

« En ce cas, petite, prête-moi ton tabouret. Je vais te montrer qui je suis. Dans une petite minute, je te parie n'importe quoi, tu n'auras plus le moindre doute à ce sujet ! »

J'ai à peine pris le temps de m'asseoir. Mes doigts se sont précipités sur les touches, ce lieu qui leur est peut-être plus familier que le reste de mon corps, ce lieu qui est leur royaume désigné, le séjour auquel ils aspiraient depuis des semaines – et soudain… ils se sont retrouvés en territoire inconnu. En terrain hostile. Mon pouce accrocha d'abord une note qui n'était pas la bonne. Là-dessus, mon premier accord fit place à une dissonance affreuse. L'une après l'autre, mes perles roulèrent sous mes doigts et se dérobèrent. Le clavier n'était qu'une masse informe et mouvante, où les noires et les blanches s'échangeaient à l'instant où je pensais les atteindre. Je visais un *do* : j'entendais un *ré* ou un *si* bémol. Ce que je jouais n'avait ni queue ni tête, ni rythme ni cadence. Et la gamine, bien sûr, ricanait dans mon dos. J'étais envoûté. J'étais déjà en enfer. Ma vue s'est brouillée. J'avais le mal de mer. En titubant, je suis allé me réfugier dans le confessionnal, tassé, rencogné sous la tablette qui sert de siège. J'entendais sous mon crâne ma composition s'égrener à l'endroit et à l'envers, les deux lignes enchevêtrées en une cacophonie qui n'était pas de ce monde. J'ai plaqué mes paumes sur mes oreilles, le menton dans le cou, les cheveux hérissés sur ma nuque. Je tremblais de tous mes membres. Mon cœur battait par saccades désordonnées, entrecoupées de terribles sursauts, puis d'interminables pauses qui me faisaient suffoquer. Les yeux exorbités, je cherchais à aspirer un peu d'air, tel un poisson sur le bord d'un évier. J'ai perdu connaissance.

Je rouvre les yeux chez Mamanita, au fond de notre lit. La nuit est tombée. La nuit de Noël. Des étoiles brillent dans le ciel, indifférentes aux tourments des créatures. Je n'ai quand même pas rêvé tout ce qui s'est passé depuis que j'ai cru voir ce grand mulâtre sous le porche ? On prétend que la fièvre, quelquefois, provoque des hallucinations. Par exemple lors des crises de malaria. Or, quel Louisianais de souche peut-il se vanter de ne pas avoir quelques traces de paludisme dans les veines ? – Si ma température avait grimpé aussi haut, cependant, je serais en nage, et c'est à peine si un peu de sueur perle à mes tempes et autour de mes lèvres. Je suis en plus piteux état quand j'ai le crâne pris dans un étau.

On pousse doucement la porte de la chambre. Un visage apparaît dans l'entrebâillement – un visage tendu qui, aussitôt, se transforme en une figure épanouie. Anita, la tête un peu penchée sur le côté, m'adresse le même sourire que ma tante lorsque je me sentais patraque, à La Nouvelle-Orléans ou, plus tard, à Biloxi. Comme jadis Lalee, elle est tout attendrie de me voir sorti de ma torpeur. Ce sourire dit qu'elle va continuer de me dorloter, mais que je suis tiré d'affaire.

Depuis quelque temps, j'ai ranimé les sentiments maternels de cette femme qui, à ma connaissance, n'a jamais eu d'enfant. Elle me protège. Elle me couve, me choie et me cajole. Je suis la prunelle de ses yeux. Elle veut savoir si je suis bien, si je n'ai pas trop chaud ou trop froid, si rien ne me fait défaut, si, par timidité, je ne lui dissimule pas une lubie, une toquade, un désir de convalescent qu'elle s'empresserait d'exaucer. Elle m'inonde de bonnes paroles. Elle remonte la couverture, tire le drap, tapote l'oreiller, prend mon pouls, pose la main sur mon front. Elle m'invite à me plaindre afin d'avoir, je le devine, la satisfaction de me consoler. Je l'observe sans en avoir l'air ; je serre les dents derrière mon sourire. Elle m'assure que je vais me remettre, que je suis déjà presque guéri. Toutefois – comment peut-elle imaginer que je ne le remarque pas ? –, elle se garde de nommer le mal dont j'ai souffert et, dans son caquetage, ne revient jamais, fût-ce par allusion, sur les événements qui ont précédé mon réveil. Je pourrais l'y inciter. L'y contraindre. Que s'est-il passé au juste, après mon évanouissement ? Que s'est-il passé au juste depuis ce matin ? Je ne le lui demande pas. Mon instinct me commande de me taire. J'ai peur qu'elle ne le sache trop bien. J'ai peur d'entendre un mensonge qui me ferait rougir plus qu'elle, un mensonge que j'aurais tout avantage à ne pas relever et avec lequel il me faudrait vivre, ou du moins survivre, puisque, à part le feu éternel, je n'ai désormais aucun autre endroit où aller. C'est la première idée qui m'a traversé l'esprit quand je suis revenu à moi : *j'espère que cette pièce, que cette maison sont à ton goût, Ferdinand, parce que, désormais, si tu les quittes, tu n'as nulle part où aller. Quel que soit ton sort entre ces murs, il sera pire ailleurs.*

Je me suis levé. Sur mes deux jambes, je me sens tout de même moins vulnérable. Dans la même intention, je prends une douche, je me rase de près, je m'habille avec soin. D'ailleurs, je n'ai jamais manqué aucun réveillon de Noël, et ce n'est pas aujourd'hui que je vais commencer. Surtout pas aujourd'hui. Si une simple goutte de la grâce divine peut encore tomber sur moi, dissiper comme par magie ce doute qui me taraude au sujet d'Anita Gonzalez, maintenant que tout est consommé, je ne veux pas manquer ma chance.

Je m'apprête à rejoindre le living. Surgie de sa cuisine au bruit de mon pas, Mamanita les bras en croix, me barre le passage.

« Hé là ! Attends un peu, Ferd, mon lapin ! Écoute-moi, s'il te plaît. Ton cadeau se trouve dans cette pièce, et je ne peux pas le cacher – tu comprendras pourquoi tout à l'heure. Ils l'ont apporté pendant que tu te reposais. Je craignais seulement qu'ils ne te réveillent. On peut dire, mon pauvre chou, que ces gens-là ne sont pas des modèles de discrétion ! Écoute : va t'installer à la réception en attendant que le dîner soit prêt. Il n'y en a plus pour très longtemps. Je te prépare un mint julep, si tu veux. Tu aimes bien ça, les mint julep, non ? Double dose de bourbon et bien sucré. Oh ! je connais tes goûts. Je les connais mieux que toi, tiens ! Tu es rudement élégant, dis donc ! Ne t'en fais pas, mon chou, je ne serai pas longue… »

J'obéis. À la réception, assis au comptoir comme dans un rade désert, à l'heure de retourner chez soi après le travail, je ne me pose pas de question à propos de ce cadeau qui m'attend. Aucune des merveilles de ce monde ne pourrait m'apporter la moindre joie, à présent. J'évite de regarder mes mains. J'essaie de ne pas songer à une gamine qui gâche mes *Perles*, à un vieil épouvantail qui les massacre, et je ne songe qu'à cela.

Il ne me vient pas non plus à l'idée qu'il existe un présent susceptible, lui, de me plonger dans le désespoir. Je siffle sans sourciller mon troisième julep. Je n'en ressens pas les effets. C'est comme si l'alcool descendait directement dans une vessie de caoutchouc cachée au fond d'une de mes poches. J'ignore l'heure qu'il est et je m'en moque éperdument. Mamanita revient. Sans verre à la main. Parée de son sourire le plus radieux et de toute une cargaison de joyaux. Elle me conduit dans le living, au bout d'un petit corridor, s'étant placée derrière moi de manière à pouvoir me couvrir les yeux de sa paume. Une odeur de fumée me monte aux narines lorsque nous franchissons le seuil de la pièce. Je n'en suis pas surpris. Il s'agit d'une odeur avec laquelle j'ai avantage à me familiariser – en quelque sorte un avant-goût de ce qui m'attend…

Mamanita m'immobilise à un certain endroit. Elle retire sa main de ma figure. De l'autre, elle étreint mon épaule. « Nous y voilà ! », s'écrie-t-elle avec un accent de triomphe.

Seigneur Jésus ! Elle a éteint toutes les lumières. Le séjour est éclairé par je ne sais combien de bouts de chandelles jaunâtres, posés un peu partout sur des soucoupes de cuivre ou dans des verres de couleur pourpres, et qui jettent sur les murs ou font danser au plafond des lueurs rousses, des lueurs sourdes. Il règne un climat tout à fait semblable à celui des cérémonies qu'Eulalie Echo organisait dans sa propre maison, lorsqu'elle souhaitait exercer ses talents de féticheuse dans toutes les règles de l'art. Ce genre de simagrées, je l'ai dit, a toujours eu le don de me rendre nerveux. Mais ce qui me glace les sangs, c'est le principal élément du décor : mon cadeau : un superbe piano droit orné de guirlandes de Noël, luisant et massif, laqué de noir, équipé de chandeliers à deux branches où brûlent de fines bougies rouges torsadées, comme dans le salon de Mme Hilma Burt. Un piano tout pareil à celui sur lequel, avant de partir pour Chicago en 1925 ou en 1926, Tony Jackson m'avait révélé certains secrets de son fameux *Michigan Waters*, qu'il fallait avoir percés si on voulait interpréter ce blues comme il devait l'être.

Je sais que mes yeux sont grands comme des soucoupes, que je ne respire plus, que mon cœur a cessé de battre. Pour ne pas perdre pied, tandis qu'Anita Gonzalez me débite à l'oreille toute sorte de tendresses, je me répète les paroles de ce fichu morceau : « L'eau du Michigan a le goût du vin de cerise/Celle du Mississippi sent la térébenthine… » Je m'accroche à ces deux phrases, à chacun de ces mots. En pure perte. Je m'entends gémir à fendre l'âme : « Mais je ne suis plus capable de jouer ! Je ne sais plus ! » Anita Gonzalez me presse contre elle. Ce que j'ai dit, ou plutôt sangloté, n'a pas l'air de la surprendre. Évidemment. Elle murmure à mon oreille, avec une douceur qui me donne des sueurs froides : « Justement ! Tu vas réapprendre. Vois comme il est beau ! Et ces touches, est-ce qu'elles n'ont pas l'air confortables ? Tu pourras t'exercer quand tu voudras, autant que tu voudras, sans même avoir besoin de quitter ta robe de chambre.

Ce ne sont pas les clients qui vont se plaindre. Tu as remarqué ce fini ? J'ai réclamé deux couches de laque supplémentaires. À la lumière du jour, on peut se mirer dedans. Je l'ai mis exprès dans un endroit où l'on peut se voir quand on joue. » Et moi, je hurle dans ma tête, mais du plus profond de mes entrailles : « J'étais Jelly Roll Morton ! J'étais le Lord ! J'étais le Tombeur ! » On dirait qu'elle a entendu ce cri silencieux. « Ferd ! soupire-t-elle en me secouant les épaules. Ferd, tu n'as pas besoin de redevenir une vedette. Pour moi, tu es le plus grand et tu le resteras toujours. Personne ne t'enlèvera cela, même s'il fallait t'amputer des deux mains ! Je prendrai bien soin de toi. Je te promets que tu ne manqueras pas de la moindre chose. Il suffira que tu la demandes. Tu verras, chéri, comme nous serons bien. »

Je n'ai pas de cadeau pour Anita Gonzalez, mais c'est sans importance : elle est comblée. J'ai sous-estimé sa jalousie. Je l'en croyais guérie : c'était, en réalité, tout le contraire. Elle n'avait plus qu'une seule rivale au monde, la musique. C'était encore beaucoup trop à ses yeux. Celle-là, elle ne me l'avait jamais reprochée. C'était pourtant celle qu'elle redoutait le plus. Les puissances occultes l'en ont débarrassé. Son cadavre gît dans ce grand cercueil noir tout lustré qui, à ma vue, ricane de toutes ses dents. Et, quand même, je suis trop malade, trop faible, trop vide, trop abandonné de tous et de moi-même pour m'en éloigner.

« Trinquons, susurre Anita Gonzalez. Trinquons à nous deux ! »

Elle tire d'un seau à glace deux coupes et une bouteille de champagne français. J'en avale une gorgée, le cœur au bord des lèvres, et, aussitôt, mes migraines me reprennent. Évidemment. Une douleur, cette fois, d'une violence inouïe. Un réseau de fils incandescents se trame à travers mon cerveau. Ai-je fermé les paupières, ou est-ce que je ne vois plus rien ? Je sens des larmes rouler sur mon visage. Avant d'être tout à fait incapable de penser, je grave cette consigne dans ma mémoire : si jamais j'en réchappe, poster le plus tôt possible à Mabel les quinze dollars que j'ai mis de côté pour elle.

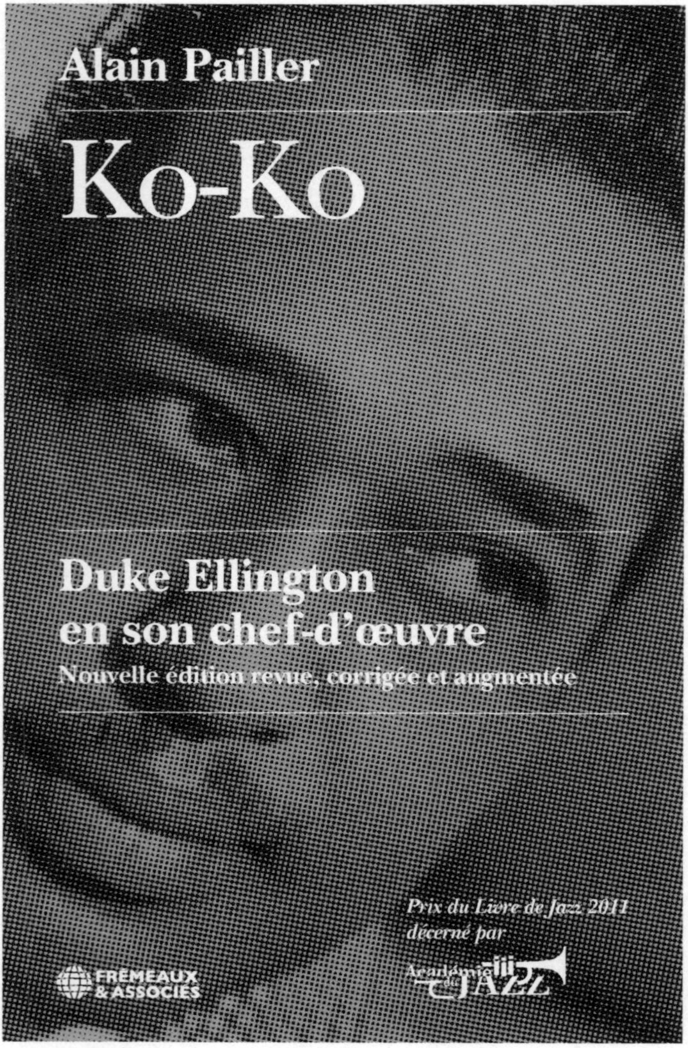
Alain Pailler
Ko-Ko
Duke Ellington
en son chef-d'œuvre
Nouvelle édition revue, corrigée et augmentée
Prix du Livre de Jazz 2011
décerné par
Académie du JAZZ
FRÉMEAUX & ASSOCIÉS

ALAIN PAILLER

Ko-Ko

– Duke Ellington en son chef-d'œuvre

« On ne sait pas si le cinéma est important dans notre siècle. Peut-être que ce qui est important, c'est un jazzman, comme Duke Ellington. »

Orson Welles

« Alain Pailler est un spécialiste et, mieux encore, un amoureux d'Ellington. Voici qu'il se lance dans l'exploration de Ko-Ko – la version princeps du 6 mars 1940 {...} Sa précision n'a d'égal que son lyrisme. Son enthousiasme, communicatif, n'empiète jamais sur la rigueur de l'historien. »

Jacques Aboucaya (Jazz Magazine)

Lorsque j'ai demandé à Alain Pailler lequel de ses trois livres sur le Duke pouvait avoir ses faveurs, il m'a répondu sans hésitation que c'était Ko-Ko, couronné par l'Académie du Jazz et, selon lui, synthèse de son travail sur l'univers ellingtonien. Sur les ondes de France Musique, Franck Médioni a pour sa part précisé : « C'est l'étude, minutieuse, du chef-d'œuvre de Duke Ellington. C'est aussi, en creux, un subtil portrait du Duke. »

Dans ce livre, j'ai vu Ellington comme on voit Mozart ; la juxtaposition sensible et solaire de la composition, de l'arrangement et de l'interprétation comme une seule et même œuvre, démontrant le génial aller-retour entre arbitrage individuel et effort collectif. Plus qu'un texte sur l'un des jazzmen majeurs du XXe siècle, il s'agit d'une analyse qui s'attache à saisir ce que recouvre le terme « création ». À juste titre, Alex Dutilh rappelle que Ko-Ko est « tout simplement un des chefs-d'œuvre de l'histoire du jazz. »

Patrick Frémeaux

Alain Gerber

Deux petits bouts de bois

Une autobiographie de la batterie de jazz

© Photo Christophe Lointier - Galerie Frémeaux

Kenny Clarke, Jo Jones, André Ceccarelli, Christian Vander, Aldo Romano, Roy Haynes, Max Roach, Georges Paczynski, Buddy Rich, Elvin Jones, Art Blakey, Baby Doods, Gene Krupa, Connie Kay, Daniel Humair et Ringo Starr.

FRÉMEAUX & ASSOCIÉS

ALAIN GERBER

Deux petits bouts de bois

– Une autobiographie de la batterie de jazz

« J'avais pris une demi-douzaine de cours avec Daniel Humair, dans les années soixante-dix… »

Alain Gerber est non seulement l'une de nos grandes plumes contemporaines, mais également un historien du jazz de référence. Ses décennies d'émissions sur France Musique et France Culture en attestent. Auteur d'une trentaine de livres sur le jazz, rédacteur-concepteur de la collection des coffrets The Quintessence chez Frémeaux & Associés, il est par ailleurs et surtout batteur amateur. Comme me le confiait récemment Philippe Baudoin, il y a deux types d'historiens-journalistes dans le jazz : ceux qui pratiquent la musique, et les autres.

Alain Gerber est donc triplement pertinent pour nous faire comprendre, souvent avec humour, l'art du rythme et de la batterie dans le jazz, et pour nous inciter à goûter les subtilités et les prouesses de Kenny Clarke, Jo Jones, André Ceccarelli, Christian Vander, Aldo Romano, Roy Haynes, Max Roach, Georges Paczynski, Buddy Rich, Elvin Jones, Art Blakey, Baby Dodds, Gene Krupa, Connie Kay et même de Ringo Starr.

Il offre un véritable support à nos émotions ; celui d'un imaginaire documenté qui nous fournit de nombreuses clés et nous ouvre des perspectives variées, pour apprécier et comprendre ce qui a révolutionné les musiques du XXe siècle, à savoir l'histoire du rythme.

Patrick Frémeaux

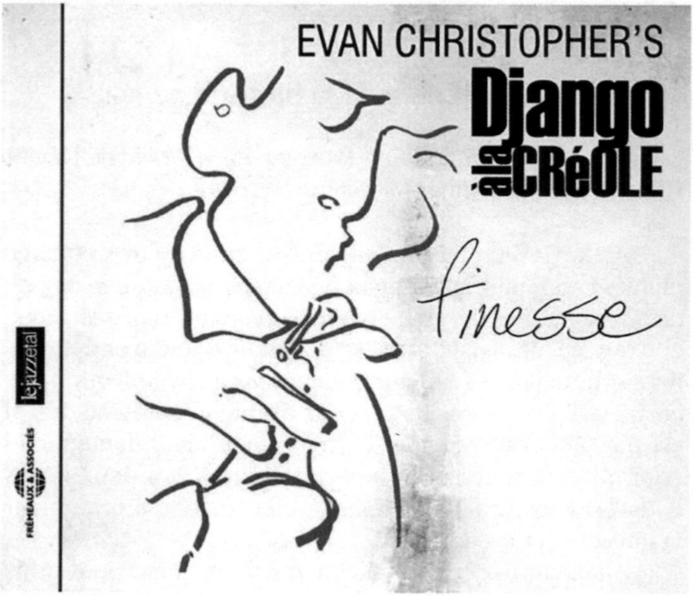
EVAN CHRISTOPHER'S
Django à la CRéOLE
finesse
lejazzetal
FRÉMEAUX & ASSOCIÉS

EVAN CHRISTOPHER'S DJANGO À LA CRÉOLE

Finesse

« [Evan] est, à mon avis, non seulement le plus grand clarinettiste de jazz vivant, mais l'un des meilleurs de tous les temps. »

Ahmet Ertegun,
fondateur du label Atlantic Records

« Disciple de Barney Bigard et Edmund Hall, Evan Christopher s'est taillé un franc succès avec son "Django à la créole" en mêlant les effluves néo-orléanais de sa clarinette au parfum des guitares manouches. Comme si Sidney Bechet avait rencontré Django, lui aussi aimait la clarinette mais ne joua jamais avec le plus français des musiciens louisianais. Leur "finesse" a tout ce qu'il faut de délicatesse et d'indolence pour n'être pas usurpée. »

L'Express

The Sunday Times : meilleur album de jazz de l'année !

Evan Christopher et sa formation cosmopolite Django à la créole reviennent à l'extraordinaire facture musicale qui leur avait valu un triomphe à leur premier opus (**** Jazzman, disque de la semaine Jazz à Fip, playlist TSF Jazz…).

Une plongée à l'essence même du jazz de La Nouvelle-Orléans par l'un des plus grands clarinettistes actuels, qui unit dans une relation de réciprocité l'héritage du jazz américain et de Django Reinhardt (extraordinaire « djangoàlacréolisation » de l'« Improvisation n° 3 » de Django !).

Un métissage esthétique et culturel qui renverse le flux d'une américanisation de la culture française et nous sensibilise aux apports que constituent l'héritage de la créolité et du jazz manouche européen aux États-Unis – jusque dans la ville où est né le Jazz : à La Nouvelle-Orléans !

Benjamin Goldenstein et Patrick Frémeaux

TAP.THAT'JAZZ
OIGNONS
FRÉMEAUX & ASSOCIÉS

LES OIGNONS
Tap That Jazz

« Le son de La Nouvelle-Orléans et les claquettes comme percussions : avec "Tap That Jazz", le *sextet* enflamme la piste au rythme du banjo. Sax et trompette swinguent autour de la voix divine de June Milo. Un charme suranné qui met les larmes aux yeux. Ah ces oignons ! »

Thierry Boillot (*L'Alsace*)

Revoici Les Oignons, le combo créé et dirigé par l'impétueux trompettiste Julien Silvand, qui mélange jazz New Orleans et claquettes. Avec *Tap That Jazz*, ils reviennent avec une nouvelle formule en *sextet*. June Milo a rejoint les rangs de la formation et vient ajouter une touche pop aux standards et compositions présents dans cet album. La formule essentielle qui a fait le succès du groupe reste la même, subtils arrangements et claquettes pour une musique résolument communicative. Ils prouvent, dans la lignée de groupes comme Orphéon Celesta et Les Haricots Rouges, combien le jazz New Orleans est un formidable et éternel support de création pour les musiques actuelles.

Augustin Bondoux et Patrick Frémeaux

JEAN BUZELIN PRÉSENTE
EN 4 CD AVEC LIVRET 80 PAGES
LE PETIT
DICTIONNAIRE
DU JAZZ CLASSIQUE EN 80 MUSICIENS
LOUIS ARMSTRONG
FATS WALLER
GLENN MILLER
BILLIE HOLIDAY
LESTER YOUNG
LIONEL HAMPTON
INTÉGRALE DJANGO REINHARDT
18
COUNT BASIE
CAB CALLOWAY
THE AMERICAN JAZZ ENTERTAINER

PETIT DICTIONNAIRE DU JAZZ CLASSIQUE EN 80 MUSICIENS

Ce coffret réalisé par Jean Buzelin à partir du catalogue Frémeaux & Associés regroupe 80 chefs-d'œuvre de 80 jazzmen majeurs sur 4 CD et un dictionnaire alphabétique de 80 biographies dans un livret de 80 pages.

Patrick Frémeaux

« Il existe, bien sûr, des dictionnaires du jazz, bien gros et fort documentés. Mais si l'on n'a pas un disque au moins de chacun d'eux, comment reconnaître tous ces musiciens cités ? Comment les resituer dans leur époque ? identifier leur style ? Bref, à quoi ressemble la musique de tel musicien, dont je connais le nom, mais qui ne figure pas dans ma discothèque ? L'ambition modeste de notre petit dictionnaire sonore est donc de proposer 80 illustrations musicales à travers une sélection de musiciens parmi les plus connus et importants de l'histoire du jazz de 1921 à 1952. »

Jean Buzelin

« Destiné aux débutants et à tous ceux qui veulent tremper un doigt de pied dans le vaste océan du jazz, ce coffret de 4 CD bien conçu et soigné est pourvu d'un superbe livret de 80 pages livrant pour chacun les premières informations indispensables. Une bonne idée, bien réalisée, et un beau cadeau. »

Classica Répertoire

« Au fil des ans, la compagnie de disques Frémeaux & Associés est devenue la référence (du moins en langue française) pour tout ce qui touche au domaine des compilations et séries historiques dans le monde du jazz. »

Le Journal de Montréal

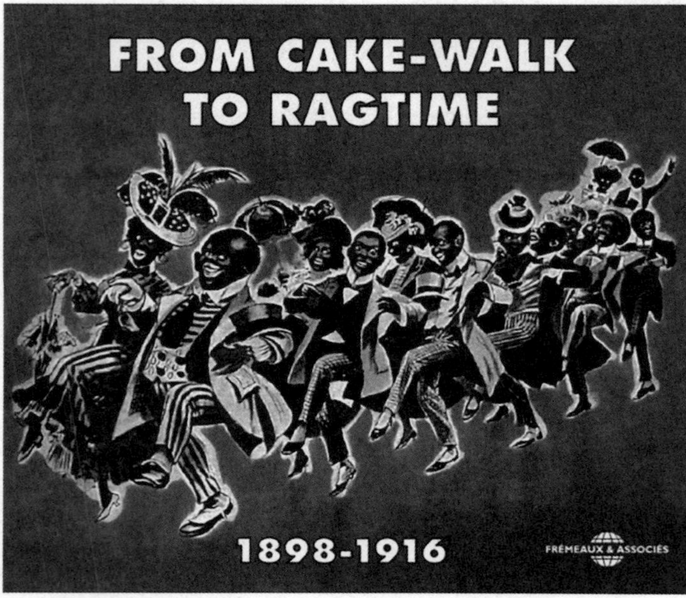
FROM CAKE-WALK
TO RAGTIME
1898-1916
FRÉMEAUX & ASSOCIÉS

FROM CAKE-WALK TO RAGTIME
– Anthologie 1898-1916

« Une reconstitution technique sonore de bonne qualité, compte tenu de l'ancienneté des phonogrammes originaux, permet de suivre pleinement cette aventure discographique passionnante à écouter et à lire à laquelle Frémeaux nous a déjà habitués avec d'autres musiques américaines du début du siècle. »

Michel Plisson (*Trad Mag*)

*** JAZZMAN

« Globalement on est ici en présence d'une sincérité musicale et d'une volonté d'aller de l'avant que Yochk'o Seffer a toujours exprimées. »

Sylvain Siclier (*Jazzman*)

Des concours de danse aux débits de boissons, c'est une lente évolution qui créera le jazz, musique populaire. Dans un coffret de 2 CD accompagné d'un livret 32 pages, cette anthologie nous fait revivre une préhistoire du jazz de 1898 à 1916. Le son de l'Amérique du début du XXe siècle !

Patrick Frémeaux

Les ouvrages sonores de Frémeaux & Associés sont produits par les meilleurs spécialistes, bénéficient d'une restauration analogique et numérique reconnue dans le monde entier, font l'objet d'un livret explicatif en langue française et d'un certificat de garantie. La marque Frémeaux & Associés a obtenu plus de 800 distinctions pour son travail muséographique de sauvegarde et de diffusion du patrimoine sonore.

EARLY JAZZ
1917-1923
INCLUS
PREMIER MORCEAU DE L'HISTOIRE DU JAZZ
ODJB 1917 "LIVERY STABLE BLUES" CENTENAIRE
FRÉMEAUX & ASSOCIÉS

EARLY JAZZ

– ODJB (1917) : « Livery Stable Blues » : premier morceau de l'histoire du jazz ! Centenaire 26.02.17 (1917-1923)

« Les trois mousquetaires du big band classique étaient quatre : Henderson, Basie, Ellington et Jimmie Lunceford. "Jimmie quoi ?" Lunceford : une section rythmique à faire rebondir les plus grosses dames comme des virtuoses du trampoline dans les salles de danse de l'époque ; une section de saxophones qui jouait trois cent soixante-six jours par an et qui à force de travail était devenue compacte comme un ballon de hand-ball ; des arrangements fleuris [...] D'abord parce qu'il y en a plus, et qu'en plus du plus il y a l'intro et l'interlude loufoques de "I'm Nuts about Screwy Music". Ensuite parce que le texte en français d'Alain Gerber, indépendamment de sa qualité littéraire, est extrêmement fourni. Enfin parce que Gerber a choisi ses titres préférés. »

Franck Bergerot (*Jazzman – Choc Jazzman*)

Diapason d'or

« Pour Frémeaux, Alain Tercinet a réalisé un très beau film sans images sur l'une des plus excitantes aventures du jazz à New York. »

Diapason

La face sans doute la plus cachée du jazz enregistré, de l'ODJB (1917) à King Oliver (1923), enfin à la portée de tous les amateurs et de toutes les bourses. Daniel Nevers présente pour la première fois une histoire de la naissance du jazz en 2 CD accompagnés d'un livret 48 pages.

Patrick Frémeaux

JAZZ NEW ORLEANS
1918 - 1944

JAZZ NEW ORLEANS
– Anthologie 1918-1944

La réédition du mois – Diapason historique

« Le sujet – et c'est ce qui fait toute l'originalité de l'entreprise – ce ne sont pas les jazzmen d'obédience néo-orléanaise, mais la musique de La Nouvelle-Orléans en soi. Dans son unité et dans sa diversité ; dans sa permanence et dans son changement. Pour le reste, je renvoie au livret, précis initiatique d'une rare densité qui permettra aux honnêtes gens d'abandonner enfin quelques préjugés tenaces et de retrouver, pour un jazz bientôt centenaire, un désir adolescent. »

Diapason

« Ici, même les enterrements ont un air de fête. »

Un observateur anonyme (1819)

Philippe Baudouin présente l'anthologie de la ville où est né le jazz. De King Oliver à Tommy Ladnier en passant par Louis Armstrong ou Jelly Roll Morton, ce coffret de 2 CD accompagné d'un livret de 48 pages et de 40 photos dresse le panorama historique de la genèse de l'histoire musicale de l'Amérique du XXe siècle.

Patrick Frémeaux

NEW ORLEANS
BUNK JOHNSON - GEORGE LEWIS - KID ORY - LOUIS ARMSTRONG
SIDNEY BECHET - KID HOWARD - MUTT CAREY - KID SHOTS -
WOODEN JOE NICHOLAS - JIM ROBINSON - HERB MORAND
REVIVAL
1940-1954
FREMEAUX & ASSOCIES

NEW ORLEANS REVIVAL 1940-1954
– Bunk Johnson, Kid Ory, Louis Armstrong, Georges Lewis…

« On rejoint l'avis de Patrick Frémeaux et Claude Colombini pour parler de "gumbo jazz", tant les mélanges et les synthèses de genres se superposent : ragtime, blues, marches, musiques de danse, chansons légères et rythmes religieux. Les quarante-trois reprises sont pour la plupart rares et difficiles à trouver. Elles méritent chacune une mention, et la sélection due au spécialiste Dan Vernhettes – on soulignera aussi ses fascinantes notes de pochette – est sans reproches. Plaisir garanti de bout en bout pour tous les fans de jazz traditionnel, mais aussi pour tous les autres amateurs de jazz à l'esprit ouvert. »

Robert Sacré (*Jazz Around*)

Si la musique syncopée est jouée dans tous les États-Unis depuis le début du XXe siècle, c'est à La Nouvelle-Orléans que le swing est apparu. Le style unique de ses formations de jazz, devenu une véritable marque de fabrique, est une étape majeure dans l'histoire artistique américaine. Après la Seconde Guerre mondiale, dans un élan de liberté et de quête du jazz des origines, l'Amérique redécouvre ce fleuron de son histoire. C'est l'époque du New Orleans « Revival » dont Dan Vernhettes nous permet de découvrir toute la richesse. Ce vaste panorama présente, à travers les plus grands interprètes, le « gumbo jazz » de La Nouvelle-Orléans : ragtimes, blues, marches, musique de danse, chansons légères ou rythmes religieux…

Patrick Frémeaux et Claude Colombini

DUKE AT HIS VERY BEST
The Jimmy Blanton - Billy Strayhorn - Ben Webster Sessions
LEGENDARY WORKS
1940-1942
FRÉMEAUX & ASSOCIÉS

DUKE ELLINGTON

Duke At His Very Best
– Legendary Works 1940/1942

« Sans conteste l'un des exégètes les plus pointus en Dukologie, Alain Pailler n'en est pas à son coup d'essai éditorial en la matière : après avoir déjà publié trois ouvrages sur la question, il a également assuré la direction artistique du coffret *Plaisir d'Ellington* pour la même maison. En se consacrant cette fois de front à la confection de ce quadruple CD (avec la complicité de Tony Baldwin) et à la mise à jour de son propre (et non moins foisonnant) *Ko-Ko, Duke Ellington en son chef-d'œuvre*, il réalise quasiment un labeur de salubrité publique, proposant 94 titres magistralement restaurés et présentés dans leur chronologie (tout en privilégiant avec une scrupuleuse fidélité les sources d'origine : il s'agit neuf fois sur dix de 78 tours collectés par Baldwin). »

Patrick Dallongeville (*Paris-Move*)

Réalisé par Alain Pailler et Tony Baldwin, ce coffret de 4 CD a bénéficié d'une restauration particulièrement méticuleuse qui permet d'apprécier le Duke Ellington Orchestra en son âge d'or comme si vous y étiez.

Ces sessions légendaires des années 1940-1942 incluent les plus grands classiques ellingtoniens, arrangés de main de maître par le Duke comme par son bras droit Billy Strayhorn : de « Ko-Ko » à « Take The "A" Train », « Perdido » ou « Harlem Air-Shaft ». En outre, on y retrouve, à leur meilleur, certains des monstres sacrés de la *Swing Era* : Cootie Williams ou Ray Nance (trompette), Rex Stewart (cornet), Joe Nanton et Lawrence Brown (trombone) ou bien encore Barney Bigard (clarinette), Johnny Hodges, Ben Webster et Harry Carney (saxophones) ainsi que le jeune contrebassiste prodige Jimmy Blanton.

Des enregistrements essentiels de l'histoire du jazz.

Patrick Frémeaux

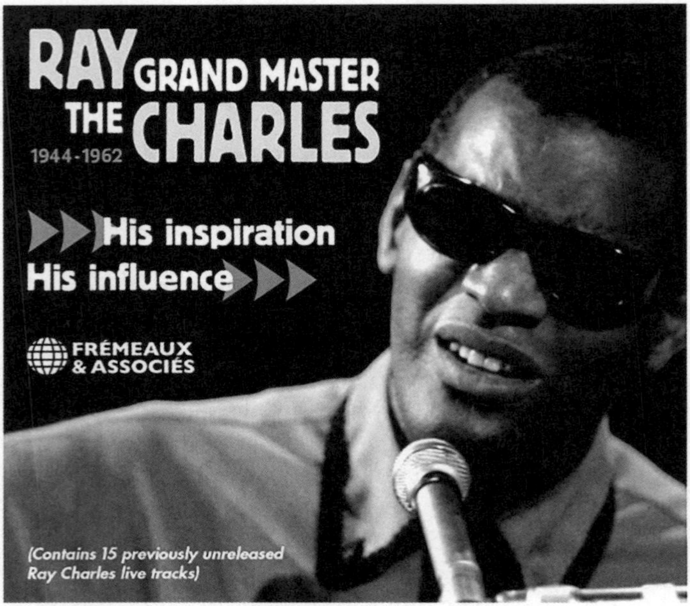
RAY THE GRAND MASTER CHARLES
1944-1962
His inspiration
His influence
FRÉMEAUX & ASSOCIÉS
(Contains 15 previously unreleased Ray Charles live tracks)

RAY CHARLES

The Grand Master 1944-1962
– His Inspiration, His Influence

Ray Charles est l'une des plus grandes icônes de la musique du XXe siècle. Le Genius of Soul est considéré comme l'un des pionniers du rock and roll, de la soul et du R&B moderne et l'inventeur de la pop. Joël Dufour analyse l'univers matriciel de Ray Charles pour souligner toute l'ébullition qu'il suscita entre les années 1950-1960.

Il met en lumière (« His Inspiration ») ses influences musicales (jazz, gospel, country, blues) et souligne ensuite (« His Influence ») le rayonnement de sa musique sur des artistes comme les Everly Brothers, Nina Simone, Stevie Wonder, Booker T. & the M.G.'s, Harry Belafonte ou Elvis Presley. La « révolution » Ray Charles expliquée par son plus grand spécialiste.

Patrick Frémeaux

Alain Gerber

Miles Davis

Charlie Parker
Dizzy Gillespie
Bud Powell
Max Roach
Kenny Clarke
Sarah Vaughan - Thelonious Monk

L'histoire du Be-bop

Livrets « The Quintessence » sous la direction d'Alain Gerber et Patrick Frémeaux. Notice discographique par Alain Tercinet, Discographie : Daniel Nevers, Édition par Claude Colombini Frémeaux

ALAIN GERBER
Miles Davis – L'histoire du Be bop

« J'avais vite compris que je devais avoir ma propre voix, quelle qu'elle fût. »

Miles Davis

« Les "incontournables" de l'Histoire du jazz, une présentation sobre, de bon goût, des livrets opulents (personnels, dates et lieux d'enregistrement, noms et références des labels d'origine, etc.), une "direction artistique" assurée par l'un des meilleurs écrivains du jazz, Alain Gerber (magnifique liner notes). »

Frédéric Goaty (Jazz Magazine)

Alain Gerber, écrivain et historien du Jazz célébré, bien connu des auditeurs de France Musique et de France Culture, dirige depuis trente ans la collection quasi légendaire de l'histoire du jazz appelé « The Quintessence ». Les livrets et notices discographiques écrits par Alain Gerber, Daniel Nevers et Alain Tercinet vont devenir les références explicatives des enregistrements des plus grands jazzmen du XXe siècle.

Celle collection recevra le Grand Prix de l'Académie du Jazz, et plus d'une centaine de récompenses de *Jazz Hot*, *Jazz Man*, *Jazz Mag*, *Jazz News*, *Diapason*, *Classica*, *le Monde de la Musique*, Télérama et contribuera au Grand prix *In Honorem* de l'Académie Charles Cros pour l'œuvre d'éditeur de Frémeaux & Associés.

En un style cadencé, l'auteur examine à la loupe les parcours biographiques et musicaux de Miles Davis, Charlie Parker, Dizzy Gillespie, Thelonious Monk, Jay Jay Johnson, Bud Powell, Kenny Clarke, Max Roach, Roy Haynes et Sarah Vaughan, dont les destins, les accents virtuoses et les inventions formelles feront la postérité du mouvement Be-bop.

Patrick Frémeaux

Martial Solal

Mon siècle de Jazz

L'autobiographie de Martial Solal

Préface d'Alain Gerber

Photo © DR

"Martial Solal a en abondance les éléments essentiels à un musicien : sensibilité, fraîcheur, créativité et une technique extraordinaire."
Duke Ellington

FRÉMEAUX & ASSOCIÉS

MARTIAL SOLAL

Mon siècle de Jazz
– L'autobiographie de Martial Solal

« L'un des plus grands musiciens du monde, tous styles, tous genres et toutes cultures confondues. »

Alain Gerber

« Rien ici n'est gratuit, les plus folles digressions sont fermement contrôlées. Martial Solal apparaît à tel point improvisateur, pur créateur de l'instant, qu'il est tout près de réaliser ce type d'"improvisation composée" dont rêvaient le Stravinski de Petrouchka, le Debussy de Jeux. (...) Les accidents et les illuminations de ses parcours pianistiques font de lui, actuellement, le premier compositeur de jazz dans le monde. »

André Hodeir

Martial Solal est certainement le musicien européen le plus important du XXe siècle avec Django Reinhardt. Son œuvre est celle d'un génial improvisateur mais aussi un des plus grands orchestrateurs et compositeurs comme « À bout de souffle » de Jean-Luc Godard. Il est le pianiste de référence pour tous les pianistes de l'histoire du jazz et se produira sur près de 80 ans de carrière qui recoupe son siècle de jazz, aux côtés de Django Reinhardt, Sidney Bechet, Roy Haynes, Chet Baker, Kenny Clarke, Dizzy Gillespie, Stan Getz, Stéphane Grappelli, Didier Lockwood... Il est l'un des génies de la plus populaire musique savante du XXe siècle.

Patrick Frémeaux

Composition couverture : Frémeaux – Image Ligne
Composition et mise en pages : PCA
Impression et brochage : F. Paillart – Abbeville – France

Ce livre est imprimé sur Papier Munken Print White certifié FSC (Forest Stewardship Council) système de certification cofondé par le WWF (Fonds Mondial pour la Nature) assurant une gestion forestière durable, écolabellisé ECF (Elemental Chlorine Free) garanti sans chlore. Les encres sont végétales selon le protocole Imprim'vert.

Frémeaux & Associés est co-fondateur de Forêts et Campagnes d'Avenir ; Groupement Forestier et Rural Conservatoire et Expérimental de Protection du Vivant labellisant des actions écologiques : (Ceinture Mosaïque Verte, ORE Obligation réelle Environnementale pour favoriser la biodiversité, Edition de vulgarisation scientifique, Conversion biologique agro-viticole…) et propriétaire de bois, vergers et de forêts sanctuarisées. Forêts et Campagnes d'Avenir est un OSBL (Organisme sans But Lucratif)

Numéro d'impression : 17576
Achevé d'imprimer Août 2024